AF178534

FOTO: VOLKER RENNER

Liebe Leserinnen, liebe Leser,
liebe Freunde von MERIAN,

tausend Ideen, teils auch hitzige Diskussionen gab es bei der Planung an diesem Heft, dieser Vorschau auf das Reisen im nächsten Jahr. 20 Favoriten haben wir ausgewählt – was sie verbindet, ist ein besonderes Momentum.

Paris fiebert den Olympischen Spielen entgegen, wird fahrradfreundlicher und kulinarisch noch vielfältiger. Valencia ist grüne Hauptstadt, Bad Ischl und Region sind Kulturhauptstadt 2024. Südkorea und Taiwan setzen nicht nur in der Film- und Pop-Industrie beziehungsweise der Gastronomie starke Akzente – beide Länder sind enorm abwechslungsreich und landschaftlich traumhaft schön. Die Lofoten begeistern sowohl Wanderer als auch Surfer, Las Vegas wird zum Sport- und Kultur-Hotspot, Sambia ist – noch – ein Geheimtipp für Safaris. Wie immer erhalten Sie zu den Destinationen sorgfältig kuratierte Tipps.

Wir waren für Sie unterwegs und lassen Experten aus ihren Ländern und Regionen erzählen. So haben wir Menschen wie die kolumbianische Köchin Leonor Espinosa kennengelernt, die sich für ihre Gerichte von der Natur-Vielfalt ihrer Heimat inspirieren lässt, und den Architekten Carlos de la Mora, CEO der World Design Capital San Diego und Tijuana.

Genießen Sie die Inspiration, packen Sie Ihre Koffer, wir wünschen viel Freude beim Reisen!

Ihr Sebastian Ganske

Bei vielen Hotels und Restaurants im Heft

finden Sie Bewertungen. Diese wurden von Expertinnen und Experten aus den Redaktionen Merian und „Der Feinschmecker" nach dem unten stehenden Schema vergeben

MERIAN®

●●●●● In jeder Hinsicht perfekt ●●●● Herausragendes Design, beste Lage, erstklassiger Service
●●● Ein Haus mit besonderem Charakter und ausgezeichnetem Komfort ●● Wohlfühl-Atmosphäre und hochwertige Ausstattung
● Ein gutes Hotel mit ansprechendem Ambiente ◖ Freundlicher Service, sympathisches Haus

DER FEINSCHMECKER

●●●●● In jeder Hinsicht perfekt ●●●● Küche und Service herausragend, Ambiente und Komfort außergewöhnlich
●●● Exzellente Küche, sehr guter Service, Komfort und Ambiente bemerkenswert ●● Sehr gute Küche, guter Service, angenehmes Ambiente, komfortabel
● Gute Küche, ansprechendes Ambiente ◖ Solide Küche, sympathisches Lokal

Vielreisende Collien Ulmen-Fernandes über
ihre indischen Wurzeln, Alexander Oetker über
Paris' neuen Charme, Kris Tompkins über ihre
Liebe zu Patagonien, Kostja Ullmann über den
Reiz des Ungeplanten (im Uhrzeigersinn)

TITELFOTO: RAF WILLEMS/GETTY IMAGES; FOTOS: ADOBE STOCK, VILLA LA MASSA, PRIVAT, DAVID MAUPILÉ, LENA FAYE, JIMMY CHIN, ATLANTIDE PHOTOTRAVEL/GETTY IMAGES

UNHEIMLICHE BEGEGNUNG DER RUNDEN ART:
UNSER COVER ZEIGT DIE „SPHERE" IN
LAS VEGAS BEI IHRER ERSTEN ERLEUCHTUNG
AM US-UNABHÄNGIGKEITSTAG 2023

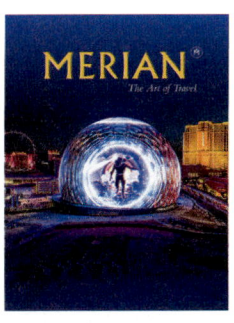

can places
change us?

≋ SILVERSEA®
—— TO THE CURIOUS

Meditieren mit Schwung

Nur das Spiegelbild fährt mit, ansonsten zieht dieser Eisläufer alleine seine Bahn auf dem Saimaa, Finnlands größtem See. Genau genommen ist der eine weitverzweigte Seenlandschaft, sie liegt im Südosten des Landes, nah an der Grenze zu Russland. Wer dort nicht ganz so alleine unterwegs sein möchte, kann eine geführte Schlittschuhtour buchen

REISEFIEBER

DIE MAGIE EINES AUGENBLICKS

Seltene Lichtshow

Es dürfte schon Auffahrunfälle gegeben haben in New Yorks 42nd Street, wenn die Sonne mitten in der Straßenschlucht aufgeht. Das passiert nur zweimal im Jahr, „Reverse Manhattanhenge" heißt das Phänomen, wenn sie perfekt zum Straßennetz der Metropole steht. Im Winter ist es um den 5. Dezember und den 8. Januar zu sehen. Die Sonnenuntergangsvariante, der „Manhattanhenge", ist für Ende Mai und Mitte Juli vorhergesagt

Unterirdische Wunderwelt

1991 tat sich in Vietnam eine vollkommen unbekannte, immer kühle und feuchte Welt auf: Damals wurde die
Sơn-Đoòng-Höhle entdeckt. Sie gilt als größte Höhle der Welt mit mindestens 150 Kammern voller teils
moosbewachsener und haushoher Stalagmiten. Menschen sind rar hier, nur wenige hundert dürfen pro Jahr hinein

Funkentanz mit dem Teufel

Könnte es doch immer so ein buntes Fest sein, wenn Gut und Böse aufeinandertreffen! Das tun sie beim *correfoc,* dem Feuerlauf, der in vielen spanischen Orten Tradition hat – zumindest symbolisch. Hier im katalanischen Vila-seca, westlich von Tarragona, findet das nächste Funken-Fest am 20. Januar 2024 statt

Eiskalter Lebensraum, hitzige Gemüter

Sie gelten als leicht reizbar, aber hier stehen sie in nichts als beruhigendem Blau – zudem ist weit und breit niemand zu sehen, mit dem diese Zügelpinguine in Streit geraten könnten. Der Eisberg, auf dem sie stehen, ragt in der Antarktis auf, wo die meisten der Tiere mit dem charakteristischen schwarzen Band unter dem Kinn leben

Blaumachen in Bangkok

Sie ist die Königin unter den vielen Rooftop-Bars in Thailands Hauptstadt – zumindest, was ihre
Popularität angeht: die „Lebua Sky Bar" auf dem Dach des 247 Meter hohen State Tower.
Zum Blick über das Häusermeer und den Fluss Chao Phraya gibt es Drinks wie den „Hangovertini".
Ja, genau, im Blockbuster „Hangover 2" spielt die Bar eine nicht allzu kleine Rolle

Rosarote Rarität

An trüben Tagen passt die Farbe der Laguna Hedionda in Bolivien perfekt zu den dort selten zahlreich lebenden Flamingos. Ihr Name ist wenig schmeichelhaft, „hedionda" bedeutet „stinkend". Wer den See mit hohem Salzgehalt in mehr als 4000 Meter Höhe besucht, nimmt aber vor allem seine grandiose Lage und Schönheit wahr

Ein Leben auf Tour

Dieser Junge mag der Hirte sein, wohin er zieht, gibt aber das Rentier vor. Er gehört zum Nomadenvolk der Tsaatan, die dem Instinkt ihrer Herde folgen und ihre Tipis dort aufschlagen, wo sie Halt macht. Rentiere sind für die Tsaatan wegen ihrer Milch wichtig – und manchmal stehen sie auch auf dem Speiseplan

Wohin in Stuttgart 2024

Die ganze Stadt ein Stadion

2024 rollt der Ball in Stuttgart von Event zu Event
und so werden unter anderem die Kultur,
der Weingenuss und vor allem der Fußball gefeiert.

Wie ein Stadiondach umringen Weinberge und Hügel die Stuttgarter Innenstadt. Zahlreiche Aussichtspunkte, die oft nur mit ein bisschen Kondition über die typisch schwäbischen Stäffele (Freilufttreppen) erreicht werden können, laden dazu ein, den Blick über den Stuttgarter Kessel schweifen zu lassen. In der Innenstadt, ganz im Herzen der Stadt, befindet sich der Schlossplatz – quasi das Spielfeld Stuttgarts, auf dem 2024 so einiges passiert. Aber auch abseits des Rasens gibt es viel zu entdecken.

Den Anpfiff der Saison genießen wir in der Staatsgalerie Stuttgart. Zusätzlich zu der hochkarätigen Dauerausstellung werden in der Sonderausstellung „Modigliani. Moderne Blicke" Meisterwerke von Amedeo Modigliani gezeigt.

Ein weiteres großartiges Kunstmuseum liegt nur ein paar Gehminuten von der Staatsgalerie entfernt. Das Kunstmuseum Stuttgart befindet sich am Spielfeldrand des Stuttgarter Schlossplatzes und überzeugt neben seiner beeindruckenden Architektur und den sorgsam kuratierten Kunstwerken vor allem mit

24.11.2023 – 17.03.2024
„Modigliani. Moderne Blicke"
in der Staatsgalerie Stuttgart

dem Ausblick, den Fans der Kunst aus dem obersten Stockwerk auf den Schlossplatz genießen.

Wer mehr Trubel sucht, wird auf dem Stuttgarter Frühlingsfest fündig. Drei Wochen

lang kommen Feierlustige auf ihre Kosten: Hier treffen Stuttgarter Bier in den Festzelten auf Adrenalinkicks in den hochmodernen Fahrgeschäften und auf traditionelle Volksfeststimmung.

20.04.2024 – 12.05.2024
Stuttgarter Frühlingsfest

18.07.2024 – 29.07.2024
jazzopen Stuttgart
auf dem Schlossplatz

Foto: Thomas Niedermueller

© Staatsgalerie Stuttgart

Amedeo Modigliani, Liegender Frauenakt mit weißem Kissen c. 1917
Staatsgalerie Stuttgart, Stuttgart

© JAZZ OPEN / Opus Festival-, Veranstaltungs- und Management GmbH

© Stuttgart-Marketing GmbH, Alwin Maigler

14.06.2024 – 14.07.2024
UEFA EURO 2024™

dem Neuen Schloss und Fan Zones auf den umliegenden Plätzen.

Wir halten den Ball hoch und nach einem aufregenden Finale Mitte Juli weicht das Public Viewing einer Jazzbühne. Bei den jazzopen Stuttgart bringen internationale Musikstars wie Sting, Grönemeyer, Sam Smith, Jamie Cullum, Parov Stelar und MEUTE den Groove auf den Schlossplatz und an viele weitere Orte in Stuttgart. Stuttgart kann Fußball, Stuttgart kann Jazz und Stuttgart kann auch Wein: Bis in die Innenstadt erstrecken sich die Weinberge. Wein aus Stuttgart spielt international in der ersten Liga und daher feiern die Stuttgarter die heimischen Tropfen mit einem eigenen Fest, dem Stuttgarter Weindorf. Hier erleben die hiesigen Wengerter (Winzer:innen) ein Heimspiel, bei dem rund 30 von ihnen in gemütlichen Lauben ihre Weine ausschenken und dazu passende schwäbische Spezialitäten wie Käsespätzle, Maultaschen oder Schupfnudeln mit Sauerkraut servieren.

Nach dem Weindorf ist vor dem Cannstatter Volksfest. Ende September gehen die Stuttgarter in die Feier-Verlängerung und zeigen für gut zwei Wochen nochmal, dass die Schwaben Stimmung machen können. Übrigens direkt neben dem Stadion, in dem im Sommer möglicherweise ein neues Sommermärchen geschrieben wurde.

Nach einer kurzen Verschnaufpause wird das große Stuttgarter Finale im Dezember auf dem Schloss-, Schiller- und Marktplatz beim Stuttgarter Weihnachtsmarkt ausgetragen. Liebevoll dekorierte Stände laden zum Weihnachtsbummel ein und natürlich darf eine heiße Tasse regionaler Winzerglühwein nicht fehlen. Und so kommen wir zum Abpfiff eines aufregenden Jahres in der baden-württembergischen Landeshauptstadt. Unangefochtenes Großereignis des Jahres 2024 ist die UEFA EURO 2024™, die in der ganzen Stadt ausgetragen wird. Vor, während und nach dem sportlichen Event sind, ganz nach dem Motto „Die ganze Stadt ein Stadion", zahlreiche weitere Feste und Veranstaltungen Anlass für einen Kurztrip.

Nach dem Warm-up beim Stuttgarter Frühlingsfest rollt der Ball in der benachbarten Stuttgart Arena. Im Rahmen der UEFA EURO 2024™ werden dort fünf Spiele ausgetragen. Aber auch Fans ohne ein Stadionticket dürfen jubeln: und zwar auf dem Schlossplatz. Hier werden alle Spiele der UEFA EURO 2024™ live übertragen. Während das Stadion brummt, gibt es hier Public Viewing in schönster Kulisse vor

© Stuttgart-Marketing GmbH, Thomas Niedermüller

27.09.2024 – 13.10.2024
Cannstatter Volksfest

© Stuttgart-Marketing GmbH, Martina Denker

28.08.2024 – 08.09.2024
Stuttgarter Weindorf

27.11.2024 – 23.12.2024
Stuttgarter
Weihnachtsmarkt

© Stuttgart-Marketing GmbH, Alwin Maigler

SURF PORN

Wellentänzer

In diesem Buch geht es im Grunde um den perfekten Moment. Ganz oben auf der Welle, mittendrin, wenn sie bricht, halb unter Wasser und doch wie ein Tänzer auf dem Brett: „Surf Porn" zeigt Surfer-Glück in Hochformat, Hochglanz und bestem Licht. Dafür waren weltweit die besten Fotografen der Szene am Werk.
Gestalten 2023, 256 Seiten

Anna Oppermanns Ensemble „Anders sein ("Irgendwie ist sie so anders...")", 1970-1986

SICILY HONOR

Ode an La Isola

Diese Sizilien-Collage ist wunderbar zum Abtauchen wie in einen bildgewaltigen Film. Das Buch besteht aus Zitaten und kleinen Texten, historischen Schwarz-Weiß-Aufnahmen und farbenfroher Gegenwart, einer Mischung aus Kulinarik und Kunst, Kultur und Natur, Alltag und purer Lebensfreude. Kurz: Es ist ein Buch, das die Sehnsucht nach dem Süden weckt – und akute Reiselust. **Assouline 2023, 304 Seiten**

GUTE GESCHÄFTE

Webshop ade

Wenn es eines Beweises bedurft hat, dass Einkaufen im Internet nur der halbe Spaß ist: Hier ist er. Wobei auch halber Spaß noch übertrieben ist angesichts dieser Kleinode – Läden in aller Welt,

die ihr Sortiment ebenso sorgfältig auswählen wie ihre Einrichtung. Sie verkaufen Blumen, Delikatessen, Mode oder Keramik, und jeder einzelne Laden ist ein Kunstwerk für sich.
Gestalten 2023, 256 Seiten

M*KOMPASS

Gewachsene Räume
Anna Oppermann in Bonn

Auf eine Entdeckungstour durch die siebziger und achtziger Jahre und durch die Bild- und Gedankenwelt von Anna Oppermann lädt ab dem 13. Dezember die Bundeskunsthalle ein. Die norddeutsche Konzeptkünstlerin (1940-93), die vor allem durch zwei documenta-Teilnahmen international bekannt wurde, entwickelte eine ganz eigene Arbeitsweise und einmalige Kunststücke: die von ihr so genannten „Ensembles". Über mehrere Jahre ließ sie raumgreifende Collagen wachsen, setzte sie aus Notizen, Fotos, Zeichnungen, kleinen Objekten oder Zeitungsausrissen zusammen. So sind sie Werke geworden, in die sich die Betrachter lange vertiefen können – und Zeitdokumente. Die Schau in Bonn wird eine große Retrospektive und bis zum 1. April 2024 zu sehen sein.

www.bundeskunsthalle.de

45
Meter hoch ist der Baum
auf dem Dortmunder
Weihnachtsmarkt, der ehrlicherweise eine Collage aus sehr
vielen Fichten ist. Und so
sehenswert wie der Markt selbst.

www.weihnachtsstadt-do.de

**Die Raum-Installation „Chandelier of Grief"
von Yayoi Kusama in der Tate Modern**

Kunst ohne Ende

Die Tate Modern in London zeigt aktuell zwei Werke, in denen Betrachter nicht nur die Kunst, sondern auch sich selbst sehen: „Infinity Mirror Rooms" der 94-jährigen japanischen Multi-media-Künstlerin Yayoi Kusama. Durch die Anordnung vieler Spiegel wirken die beiden Installationen wie endlose Räume – und sind natürlich beliebte Instagram-Motive. Den Raum „Chandelier of Grief", dessen Licht-quelle ein opulenter Kronleuchter ist, betreten Besucher durch eine Schiebe-tür, die sich dann hinter ihnen schließt.
Bis 28. April 2024, www.tate.org.uk

Comeback mit Apfel

Zum 125. Geburtstag des Surrealisten René Magritte (1898–1967) hat das Magritte-Museum in Brüssel nach kurzer Sanie-rung wiedereröffnet. USP des Hauses ist die größte Magritte-Sammlung der Welt – und anlässlich des Jubiläums ein Apfel auf dem Dach. Die Frucht spielt in Magrittes Werk eine große Rolle.
www.musee-magritte-museum.be

Zwischenorte
Die Toilette

Was Lage und Design betrifft, ist bei den allermeisten Rastplätzen viel Luft nach oben – auf dem Ureddplassen kein bisschen. 2018 wurde dort, an der norwegischen Küste und rund 50 Kilometer südwestlich von Bodø, neben einer Aussichtsterrasse dieses Toiletten-häuschen mit Blick auf Wasser und Berge auf-gestellt. Aus Beton und Milchglas erbaut haben es die Architekten Haugen/Zohar. Besonders schön sitzt es sich dort an Mittsommer.

www.nasjonaleturistveger.no/de/
routen/helgelandskysten/ureddplassen

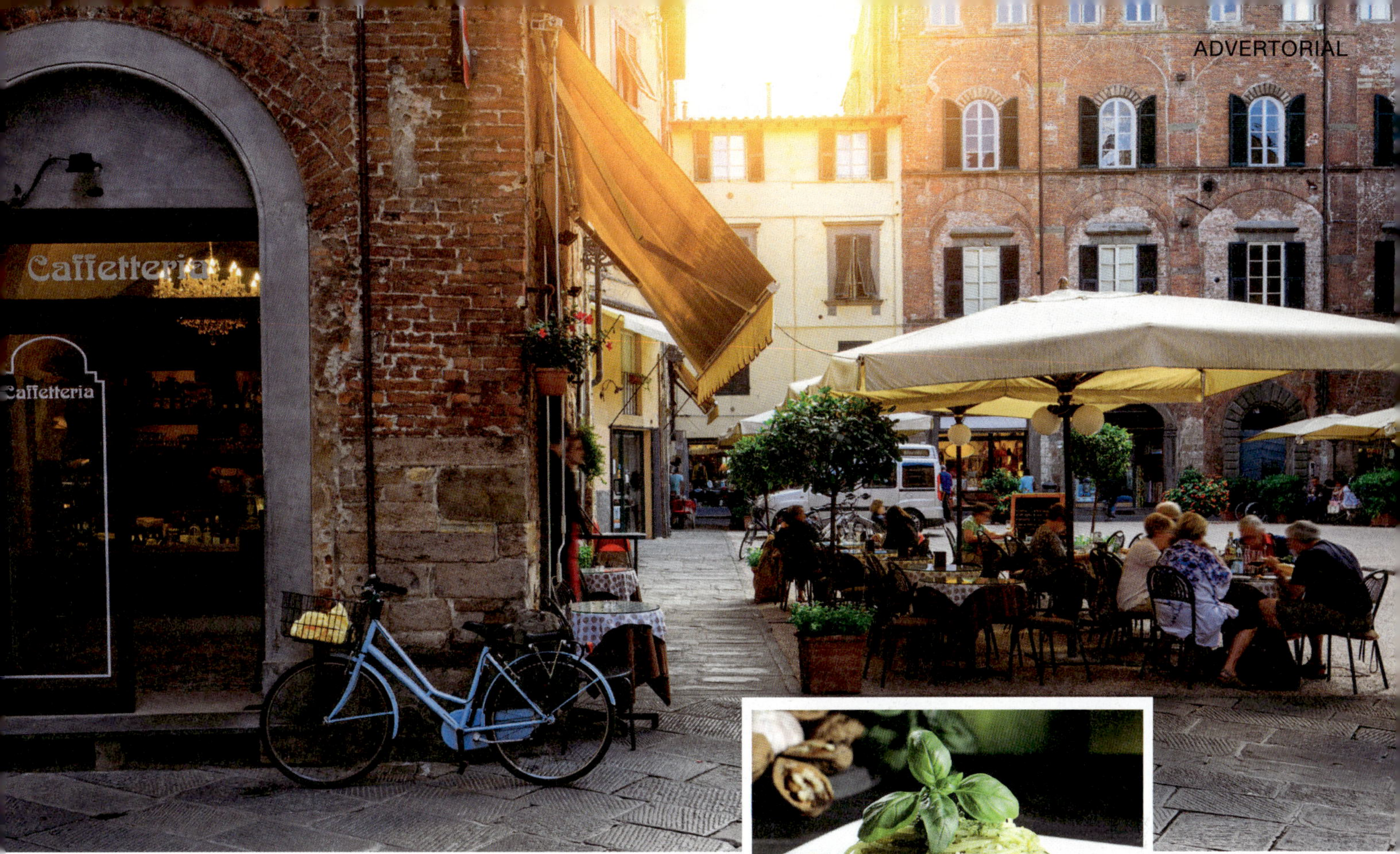

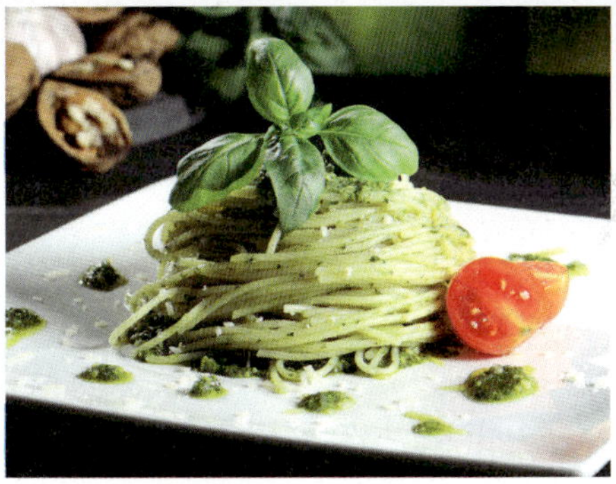

Dolce Vita in Italien

Der perfekte Tag in Italien beginnt nach einem guten Frühstück mit einem Besuch auf dem Markt. An den vielen Ständen werden frische Leckereien angeboten, so weit das Auge reicht! Frisches Obst und Gemüse wechselt sich ab mit herrlich süßem Gebäck. Würziger Prosciutto wird angeboten und am Stand daneben sitzen zwei Frauen und formen Pastateig zu Orecchiette. Durch dieses Schlaraffenland kommt man nicht hindurch, ohne etwas probiert zu haben. Nach dem geschäftigen Treiben auf dem Markt locken kühles Gelato und dampfender Espresso zu einer kleinen Pause in der Caffetteria.

Frisch gestärkt kann es weiter gehen. In Italien bietet sich überall die Möglichkeit, auch den Anbau der Köstlichkeiten zu besichtigen. Führt der Weg heute durch die knorrigen Bäume eines Olivenhains oder durch die schier endlosen Reihen eines Weinbergs? In jedem Fall gibt es eine Menge zu lernen über den Anbau und die Verarbeitung – und auch hier muss natürlich probiert werden. Wie sonst soll man sich von Frische und Qualität überzeugen? Auf dem Rückweg ins Hotel lohnt sich ein Zwischenstopp, um die malerische Küste Italiens aufzunehmen. Die salzige Seeluft erfrischt und setzt einen gekonnten Kontrast zu den bisherigen Genüssen des Tages. Italien versteht es, sich selbst in aller Vielfalt als erlesenes Menü zu präsentieren.

Nach einem Tag voller Eindrücke tut es gut, sich mit frischen Antipasti wie von Mamma zu stärken, bevor sich alles um das Abendessen dreht: Die gemeinsame Zubereitung macht Appetit und bietet Gelegenheit für einen Plausch mit der Köchin, die neben Anekdoten aus dem italienischen Alltag auch den einen oder anderen Tipp für die heimische Küche bereit hält. Ein gemeinsam erschaffenes Mahl schmeckt sicherlich noch einmal besonders gut und die Arbeit wird mit einem eiskalten Limoncello belohnt, während gemeinsam der Tag Revue passiert.

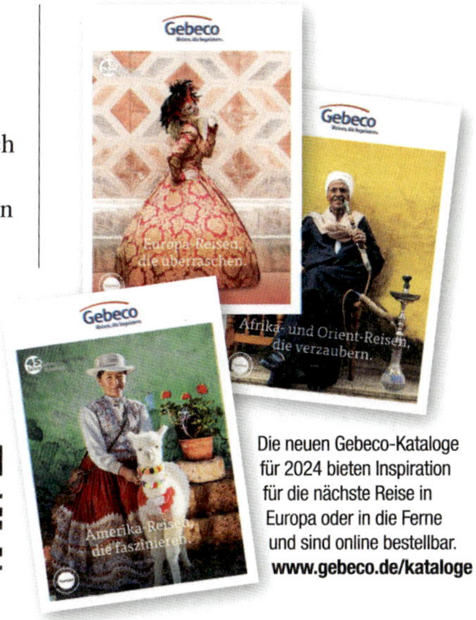

EXKLUSIVE ERLEBNISSE

Heli-Pilot für einen Tag

Die deutsche Firma Heli Transair bietet private Helikoptertransfers an und bildet jedes Jahr 35 professionelle Piloten aus. Aber auch Laien können ins Cockpit, indem sie einen der verschiedenen Schnupperkurse besuchen. Die dauern unterschiedlich lang, je nachdem, wie viel Flugzeit gewünscht ist. Erst gibt es 30 bis 60 Minuten lang eine theoretische Einweisung. Danach sind die Hobby-Piloten mit einem professionellen Lehrer immerhin in bis zu 300 Meter Höhe zwischen 20 Minuten und zwei Stunden lang unterwegs. Es stehen verschiedene Heli-Modelle zur Auswahl. Und wer so viel Spaß am Fliegen hat, dass er sich richtig ausbilden lassen möchte, kann auch an den Reisen von Heli Transair teilnehmen – etwa ins schweizerische Gruyères.

www.helitransair.com, Flüge ab 444 Euro

Tiffanys neuer Style

Mehr Opulenz für den Flagship-Store in Manhattan

Wenn Shopping zum Erlebnis wird, dann hier, an New Yorks Fifth Avenue. „The Landmark" heißt wenig bescheiden der in diesem Jahr komplett neu gestaltete Flagship-Store von Tiffany & Co. Ganz oben und ganz in Tiffany-Blau: das legendäre „Blue Box Café" (obere Fotos), von dessen Terrasse man bis weit in den Central Park blicken kann. Im ganzen Haus ist jede Menge Kunst zu sehen, die Venus-Skulptur im großen Treppenhaus ist ein Werk des Bildhauers Daniel Arsham. **727 Fifth Avenue, www.tiffany.com**

20,46

Quadratkilometer böllerfreies Silvester: Die Insel Amrum ist das perfekte Ziel für alle, die ruhig ins Jahr starten wollen.

www.amrum.de

M*

SMART TRAVEL

Bestens gebolstert

Das „Bolstair-Premium"-Kissen passt in jedes Gepäck und lässt sich dank integrierter Luftpumpe im Nu aufblasen. Das Multitalent wird in Deutschland unter anderem aus PET-Flaschen hergestellt und eignet sich, etwa beim Yoga oder Work-out, bestens als Bolsterkissen.
Ab 119 Euro, www.bolstair.com

Fernwehfächer

Thailand? Bali? Kapstadt? Falls im Winter eine Fernreise ansteht, ist dieser kleine Fächer aus Seidensatin von Gucci mit Blumenmuster und lila Quaste ein ideales Accessoire: Einfach ein bisschen wedeln, schon steigt die Vorfreude – und das Schmuddelwetter draußen ist vergessen!
340 Euro, www.gucci.com

Retroperle

Eine Handykamera mag gute Fotos machen, haptisch aber ist sie kein Vergnügen. Ganz im Gegensatz zur „Nikon Z f": Die spiegellose Vollformat-Kamera liegt wunderbar in der Hand und lässt sich wie eine analoge Nikon bedienen. Das Vintage-Design ist von der legendären Spiegelreflexkamera FM2 inspiriert, einem Erfolgsmodell des Herstellers aus den frühen Achtzigern. **Ab 2499 Euro, www.nikon.de**

Gut eingedeckt

Wer beim nächsten Outdoor-Abenteuer die „Ripstop Travel"-Reisedecke von Voited dabeihat, den schreckt weder Nieselregen noch eine steife Brise. Sie ist leicht, kompakt, wasserabweisend, hat eine Kapuze und lässt sich als Umhang tragen. Neben dem Sonnenuntergangs-Streifen-Look gibt es sie in diversen weiteren Design-Varianten.
85 Euro, www.voited.de

Magische Weihnachten

Genussvoller Advent auf dem Sternschnuppen Markt in Wiesbaden

Was wäre der Advent in Wiesbaden ohne den Sternschnuppen Markt? Auch in diesem Jahr warten wieder Kunsthandwerk, Gastronomie und ein vielfältiges Programm auf Euch.

Lasst Euch begeistern und entdeckt die „Kleinode" in den Quartieren der Stadt. Und wenn die Weihnachts-Shopping-Seele eine Pause braucht, erwarten Euch unzählige Cafés, Weinbars und Restaurants. Das weihnachtliche Lebensgefühl Wiesbadens ist bezaubernd – versprochen!

Kinder-Sternschnuppenmarkt:
28.11.2023 – 14.01.2024

Sternschnuppen Markt:
28.11. – 23.12.2023

tourismus.wiesbaden.de/
sternschnuppenmarkt

WIESBADEN
RHEINGAU

LANDESHAUPTSTADT
WIESBADEN

Wiesbaden Congress &
Marketing GmbH

LOBBY

In den Zelten von „Wilderness Usawa Serengeti" stehen bequeme Betten

Auf Reisen: Das Camp wird an mehreren Orten im Serengeti-Nationalpark aufgebaut

Das wandernde Luxuscamp

Rund 1,5 Millionen Gnus ziehen jedes Jahr von der Serengeti in Tansania nordwärts nach Kenia. Im „Wilderness Usawa Serengeti" erleben bis zu zwölf Gäste das Naturschauspiel ganz nah. Dabei haben sie es sehr bequem: Das neue Camp ist mobil und folgt der Tierwanderung durch den Serengeti-Nationalpark. Es besteht aus sechs Safarizelten, dank Solaranlage gibt es Strom und heißes Wasser.
www.wildernessdestinations.com

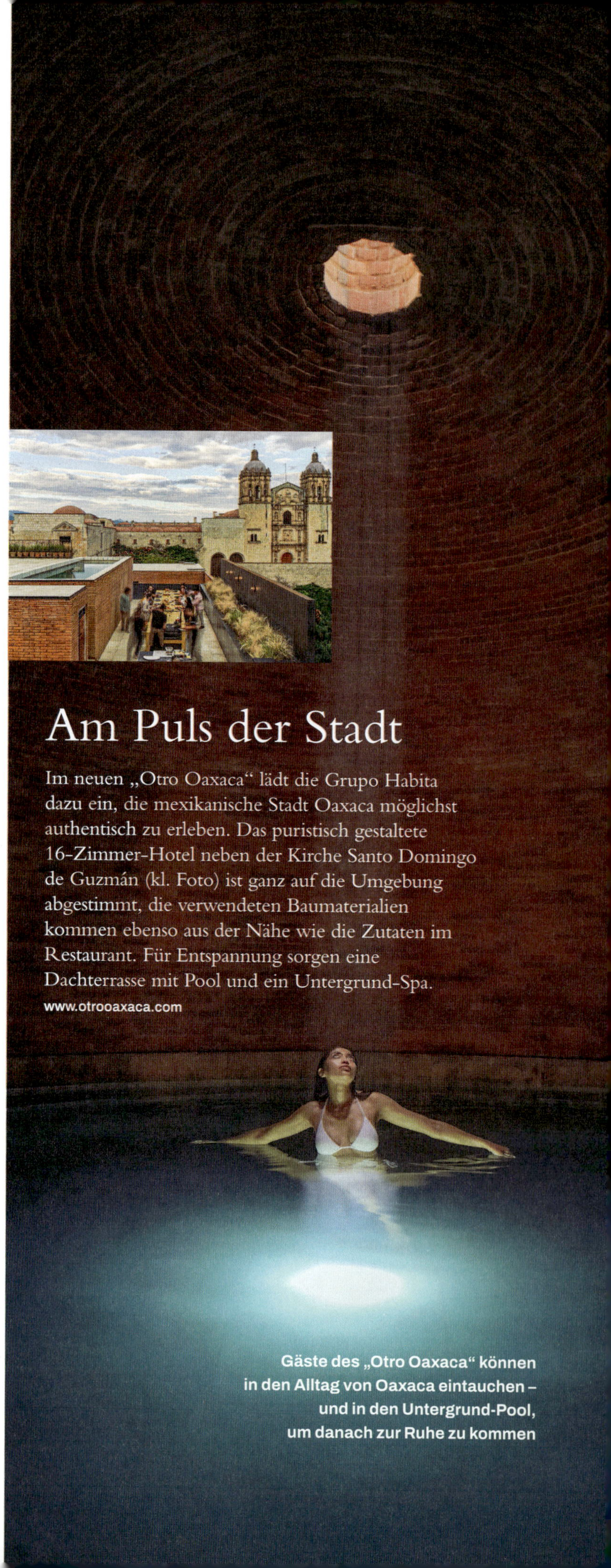

Am Puls der Stadt

Im neuen „Otro Oaxaca" lädt die Grupo Habita dazu ein, die mexikanische Stadt Oaxaca möglichst authentisch zu erleben. Das puristisch gestaltete 16-Zimmer-Hotel neben der Kirche Santo Domingo de Guzmán (kl. Foto) ist ganz auf die Umgebung abgestimmt, die verwendeten Baumaterialien kommen ebenso aus der Nähe wie die Zutaten im Restaurant. Für Entspannung sorgen eine Dachterrasse mit Pool und ein Untergrund-Spa.
www.otrooaxaca.com

Gäste des „Otro Oaxaca" können in den Alltag von Oaxaca eintauchen – und in den Untergrund-Pool, um danach zur Ruhe zu kommen

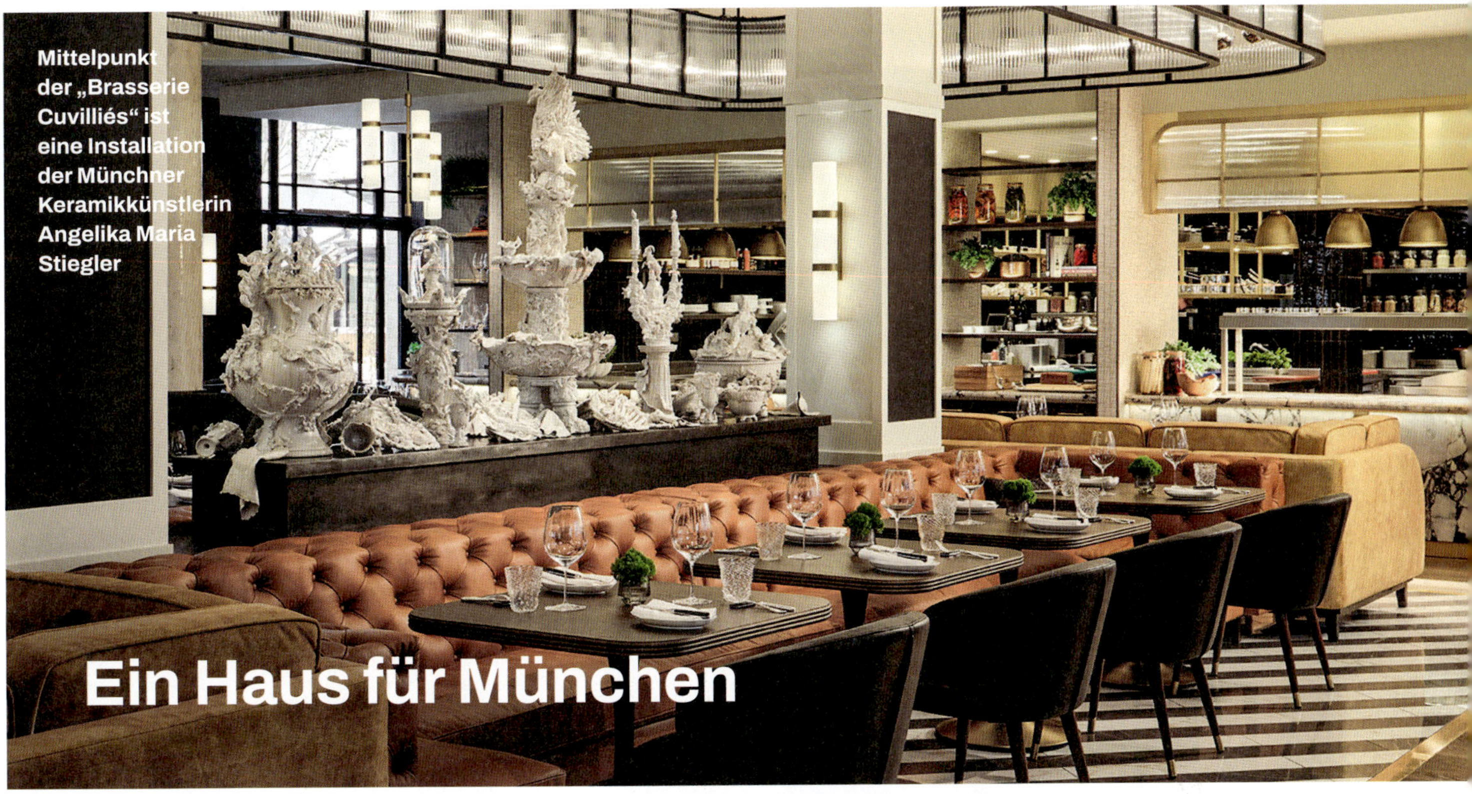

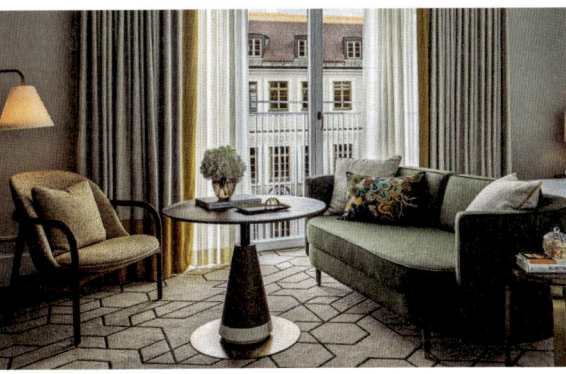

Mittelpunkt der „Brasserie Cuvilliés" ist eine Installation der Münchner Keramikkünstlerin Angelika Maria Stiegler

Ein Haus für München

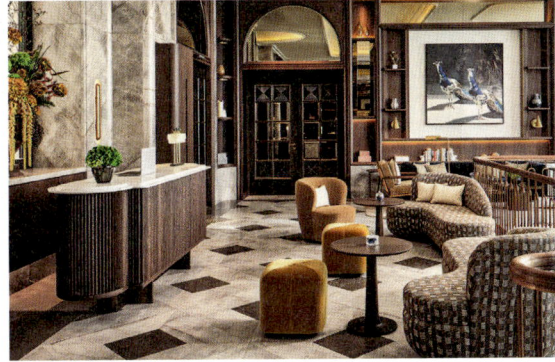

Bayern de luxe: Von den großzügigen Zimmern bis zur Lobby ist im neuen „Rosewood" alles vom Feinsten

FOTOS: MALICKY S. BOAZ/WILDERNESS (2), SERGIO LÓPEZ, DAVIDE LOVATTI (3), VOLKER RENNER

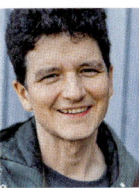

Neueröffnung im Fokus

Jonas Morgenthaler über das Hotel „Rosewood" in München

Wir wollen ein Teil Münchens werden", sagt Roland Duerr, Managing Director des „Rosewood Munich". Wenige Gehminuten vom Marienplatz entfernt empfängt er seit Oktober Gäste, die bereit sind, pro Nacht 700 Euro und mehr zu bezahlen. Für das erste Haus der „Rosewood"-Kette in Deutschland wurde der ehemalige Hauptsitz der Bayerischen Staatsbank entkernt und zusammen mit einem angrenzenden Palais neu gestaltet. Es öffnet sich tatsächlich zur Stadt: Sowohl das „Asaya Spa" mit Wellnesspool als auch die „Bar Montez" und die „Brasserie Cuvilliés" haben eigene Eingänge. Die Bar bietet puristische Cocktails und täglich Livemusik – momentan ist die Jazzsängerin Deborah Davis engagiert. Aus der offenen Küche der Brasserie kommen bayerisch-alpine Gerichte, aber auch Tomahawk-Steaks zum Teilen. Entsprechend dem „Rosewood"-Grundsatz soll das Haus auch zeigen, was München ausmacht. Ein Blick hinter Kulissen, ein Treffen mit einem Künstler: Mit Partnern wie der Bayerischen Staatsoper organisiert das Team für die Gäste einzigartige Erlebnisse. In den 73 Zimmern, 54 Suiten und fünf großzügigen „Houses" spielt die Umgebung ebenfalls eine Rolle: Im Regal steht ein Gamsbart, neben der mit regionalen Spezialitäten gefüllten Minibar liegt ein Buch der Barkeeper-Legende Charles Schumann. Die Räume sind mit Kunst und Büchern ausgestattet und mit hochwertigen Materialien wie Eiche, Leder und Messing gestaltet. Nichts wirkt zufällig, alle Dinge erzählen Geschichten aus der Region. ●●●●◐

München, Kardinal-Faulhaber-Str. 1
www.rosewoodhotels.com

●◐ Von Merian getestet

Das neue „Regina": oben die Brasserie, links die Bar im Atrium

Comeback in Biarritz

Seit 1907 thront das Hotel „Regina" im Südwesten Frankreichs an der Steilküste. Im Sommer 2023 hat die Experimental Group der *Grande Dame* im Seebad Biarritz ein Comeback als zeitgemäßes Luxushotel beschert. Die Designerin Dorothée Meilichzon (siehe Interview rechts) hat das Haus in deren Auftrag umgestaltet. Mittelpunkt des neuen „Regina Experimental Biarritz" ist nach wie vor das 15 Meter hohe Atrium, in dem sich eine von den 1920er Jahren inspirierte Cocktailbar

befindet. Weiß, Blau, Rot und Petrol prägen die 72 Zimmer und Suiten, gestreifte Stoffe und Meeresmotive unterstreichen das maritime Flair.

Das Haus ist voller Zitate aus der Welt der Seefahrt und der baskischen Kultur. Die spielt auch in der Brasserie „Frenchie" eine wichtige Rolle: Die Karte dreht sich um regionale Top-Zutaten wie Forellen aus Banka, baskischen Schafskäse oder Seehecht. Von der Terrasse aus blicken die Gäste aufs Meer – so wie aus den meisten der Zimmer.

www.reginaexperimental.com

LOBBY

Dorothée Meilichzon hat mit ihrer Pariser Design-firma „Chzon" Restaurants, Bars und ein Dutzend Hotels gestaltet – darunter das „Regina" in Biarritz

MERIAN **Wie war das Hotel „Regina" zuvor eingerichtet?**
DOROTHÉE MEILICHZON Es war eine Mischung aus Klassik und Moderne – und ziemlich winterlich.

Wo haben Sie Inspiration für die Umgestaltung gefunden?
Wir suchen sie immer in der Umgebung. Hier war der Kontext sehr vielfältig: das Baskenland und seine großen Villen, Art déco, die Atlantikküste und das lokale Kunsthandwerk.

Was haben Sie im Haus geändert?
Da wir die Belle-Époque-Struktur beibehalten haben, betreffen die wichtigsten Veränderungen das Mobiliar. Dabei haben wir uns an der neobaskischen Architektur und dem baskischen Art déco orientiert: riesige Kugeln, Säulen, übergroße Formen, Gips, lackiertes Holz, Streifen in allen Größen, Leinen, Stroh, Farbe.

Sie arbeiten oft mit historischen Gebäuden. Haben Sie keine Sorge, deren Erbe zu zerstören oder zu verwässern?
Nein, im Gegenteil, die Dinge leben, weil sie

gepflegt, gefeiert und auf den neuesten Stand gebracht werden. Es ist gerade das, was ich liebe: ein altes Gebäude mit zeitgenössischem Leben zu füllen, ohne dabei die Geister der Vergangenheit zu vergessen, an Altes anzuknüpfen, um Neues zu erschaffen.

Gibt es Hotels, die sofort gute Ideen liefern und solche, die Sie herausfordern?
Ja, jedes Projekt ist anders. Bei manchen Gebäuden haben wir gleich das Gefühl, dass wir nicht scheitern können, weil alles bereits da ist. Bei anderen müssen wir zaubern und etwa darüber hinwegtäuschen, dass die Decken zu niedrig oder die Räume zu dunkel sind.

FOTOS: MR. TRIPPER (3), LAURA STEVENS

Kunstwerke wie diese Porträts von Leila Alaoui prägen die Räume im „Izza"

LOBBY

Kunstvoller Rückzugsort

Marrakesch mangelt es nicht an Boutiquehotels in Riads. Das neue „Izza" ist dennoch einzigartig: Zum Haus gehört eine sehenswerte Sammlung zeitgenössischer und digitaler Kunst mit mehr als 300 Werken, darunter Fotografien von Sebastião Salgado und KI-Kunst von Refik Anadol. Ansonsten ist das 14-Zimmer-Haus, das sich über sieben Riads zieht, mit seinen Pools und Innenhöfen, der Bibliothek, dem Spa und der Dachterrasse ein perfekter Rückzugsort in der lauten Medina.
www.izza.com

Außen ehrwürdig, innen durchgestaltet: das neue „W Budapest". Rechts das Bad der „Fantastic Suite"

Palace to be

Mehr als zehn Jahre stand der Drechsler Palast gegenüber der Budapester Staatsoper leer, jetzt ist der Neorenaissance-Bau als „W Budapest" wieder ein *place to be*. Das Luxushotel verbindet geschickt die Geschichte des Baus – einst Heimat eines Ballettinstituts – mit dem hohen Coolness-Faktor der „W Hotels".
www.marriott.com

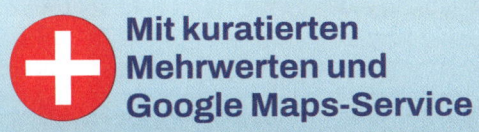

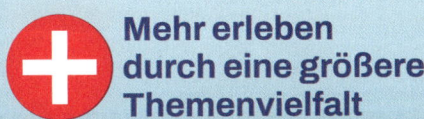
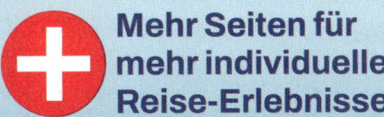

MENÜ

Gute Mischung

In Italien trifft man sich nach der Arbeit zum Aperitivo, in der Schweiz zum Apéro, in Deutschland – zum Feierabend- bier. Doch auch hier wird der Aperitif vielseitiger, nicht zuletzt dank Kreationen wie dem „Zeitgeist Flora" der Brennerei Ziegler. Der Aperitif-Likör mit Kirsche, Apfelblüte und Stachel- beere wird eisgekühlt serviert, gerne mit Soda, Sekt oder Tonic im Verhältnis 1:3.

www.brennerei-ziegler.de

SÜDTIROLER KOCHTALENT

Aromen-Fusion im Vinschgau

Der Flurinsturm ist eines der ältesten Gebäude von Glurns, einem win- zigen mittelalterlichen Städtchen im Vinschgau. Einst war darin ein Gefängnis untergebracht, später eine Tischlerei. Heute bekocht hinter den meterdicken Wehrmauern Thomas Ortler die Gäste, die unter einem schönen Gewölbe im Re- staurant „flurin" sitzen. Kürzlich von „Der Feinschmecker" als Koch des Monats ausgezeichnet, verbindet der 29-Jährige mit einem jungen Team die saisonalen Schätze seiner Süd- tiroler Heimat mit Einflüssen aus Maghreb und Fernost – und schafft damit hoch spannende Kontraste. Auf der monatlich wechselnden Karte stehen Gerichte wie frittierte Burratina mit Shakshuka, Salzzitrone und Olive (links) oder Lamm mit Marille, Kürbis und Joghurt (rechts), die sich à la carte bestellen oder zu einem Menü kombinieren lassen. Auch eine Bar gehört zum „flurin", außerdem sechs stilvoll eingerichtete Suiten. Dort zu übernachten, ist bei den vielen guten Südtiroler Weinen im Keller eine gute Idee. ●●●

Glurns, Laubengasse 2, www.flurin.it

FOTOS: TOM RIVER PHOTOGRAPHY, JUERG WALDMEIER/DER FEINSCHMECKER (3)

Alle Extremadura-Tipps
auf einer kuratierten Karte
bei Google Maps

Versátil

Drei Brüder feiern in ihrem Restaurant ein Fest der Heimatliebe mit Produkten aus der unmittelbaren Umgebung. Sie haben es so geschafft, den stillen Ort Zarza de Granadilla fest auf der kulinarischen Landkarte Spaniens zu verankern. ●●

www.versatilrural.com

La Lonja 77

In diesem Lokal in Almendralejo können sich die Gäste durch die Weine der Extremadura probieren. Dazu genießen sie Köstlichkeiten aus der Region. „La Lonja" ist Vinothek, Delikatessengeschäft und Tapas-Bar in einem.

www.lalonja77.com

Genussvoll durch ...
die **Extremadura**

Mittelalterliche Städtchen, weite Natur, kreative Küche: ein kulinarischer Kurztrip durch Spaniens wilden Westen

Atrio

Toño Pérez (r.) gilt als einer der besten Köche in Spanien, das „Atrio" als das beste Hotel in Cáceres. Eine von Pérez' Kreationen dort: Teigpastete mit Tarowurzel.

●●●●●

www.restauranteatrio.com

Drómo

Juan Manuel Salgado serviert in seinem Restaurant in Badajoz Gerichte wie confiertes Eigelb mit Nudeln aus Schweinebauch (Foto). Er hat sein Handwerk bei großen Kochkünstlern wie Quique Dacosta und den Torres-Zwillingen gelernt. ●●

www.dromobadajoz.es

●● Von „Der Feinschmecker" getestet (s. S. 3)

M*

MENÜ

Fruchtiger Gewinnertyp

Die Verleihung der Olio Awards durch den „Feinschmecker" gehört zu den wichtigsten Events, wenn es um bestes Olivenöl geht. Nach der Verkostung kürt die Jury die besten Olivenöle des Jahrgangs – von leicht bis intensiv fruchtig. Wie mehrmals zuvor hat in der letzten Kategorie 2023 das Öl „Rincón de la Subbética" von Almazaras de la Subbética gewonnen – erhältlich im „Feinschmecker"-Shop (www.der-feinschmecker-shop.de).
www.almazarasdela subbetica.com

Rückkehr zu den Wurzeln

Die Spitzenköchin Dominique Crenn stammt aus Frankreich, ihre großen Erfolge hat sie aber in den USA gefeiert. Seit 2018 ist ihr „Atelier Crenn" in San Francisco mit drei Michelin-Sternen ausgezeichnet. Mit dem „Golden Poppy" im neuen Hotel „La Fantaisie" (siehe S. 89) hat sie sich einen lang gehegten Wunsch erfüllt: ein Restaurant in Paris. Hier kombiniert sie Gerichte aus ihrer Wahlheimat Kalifornien mit französischem Touch und serviert etwa Ceviche vom Wolfsbarsch mit Erbse und Leche de Tigre (Foto).

⬤⬤⬤⬤ Golden Poppy, im Hotel „La Fantaisie", 24 Rue Cadet, Paris, www.goldenpoppy.com

Michels Meisterwerk: Taschenkrebs-Cannelloni mit grünem Spargel, Tintenfisch und Zitronengrasmarinade

Was haben Sie denn *da* angerichtet, Herr Michel?

Torsten Michel, „Schwarzwaldstube" in Baiersbronn

„Unsere Taschenkrebs-Cannelloni sind raffiniert, aber kein Hexenwerk. Krustentiere bieten wir gerne an, die sind einfach sehr, sehr lecker. Auch gezupften Taschenkrebs hatten wir schon öfter, als Cannelloni steht er aber nicht jedes Jahr auf der Karte. Ein Kollege kam auf die Idee mit den Streifen, die wir durch unterschiedliche Saucen erzeugen: eine Hummersauce und ein klares Krustentiergelee. Auch wenn es kompliziert aussieht, verstehen unsere Gäste das Gericht sofort, wenn sie es probieren. Das ist mein Anspruch an jedes Gericht aus unserer Küche."

⬤⬤⬤⬤⬤ Baiersbronn, Tonbachstr. 237, www.traube-tonbach.de

⬤◐ Von „Der Feinschmecker" getestet (s. S. 3)

DIESES KOCHBUCH WIRD DEINE KÜCHE VERÄNDERN!

BORA

365 TAGE

Alltagsrezepte – gesund und einfach

GRÄFE UND UNZER

Gesunder Genuss leicht gemacht – mehr als 90 beliebte Rezeptklassiker aus Deutschland, Spanien, Frankreich, Italien, England und den Niederlanden werden neu interpretiert und begeistern durch spannende Geschmacks-kombinationen. Abwechslungsreiche Gerichte kombiniert mit vielen Profi-Tipps machen das gesunde Kochen zu einer einzigartigen Freude. Hol dir jetzt Genuss und Inspiration für jeden Tag!

GRÄFE UND UNZER

„Hogmanay" ist mehr als Silvester, in Schottlands Hauptstadt
ist das ein bunter Ausnahmezustand. Und nicht
der einzige: Ein Festival reiht sich dort ans nächste

Eine einzige große Party

Silvester können alle, Hogmanay kann nur Schottland,
und am allerbesten Edinburgh. Tage- und nächtelang wird
dort getanzt und gefeiert. Die Stadt macht das Jahres-
ende zur spektakulären Party, mit einem Fackelumzug als
Auftakt, einer riesigen Straßenparty am 31. Dezember
und dem Concert in the Gardens. Das Open-Air-Konzert
findet allen eisigen Winden zum Trotz in den zentralen

West Princes Street Gardens statt, die vielen Feierfreudi-
gen haben dort schon mit Bands wie Franz Ferdinand
und den Pet Shop Boys ins neue Jahr hineingefeiert, 2023
sind Pulp angekündigt. Am ersten Januar treffen sich Ab-
gehärtete dann in South Queensferry zum traditionellen
„Loony Dook". Die Idee dahinter ist einfach: Ein
möglichst albernes Kostüm anziehen – und ins eiskalte
Wasser des Meeresarms Firth of Forth springen.

Silvester: Fackelumzug vor dem Jahreswechsel, Kostüm-Baden danach. Im August erobert das Fringe-Festival viele Bühnen (u.)

FOTOS: KENNY LAM/VISITSCOTLAND (3), DAVID MONTIETH-HODGE/PHOTOGRAPHISE

Alle Hotelbetten belegt, alle Hogmanay-Tickets weg? Kann passieren, große Spektakel finden über das Jahr aber noch einige statt, Edinburgh feiert gern. Allein neun offizielle Festivals werden jedes Jahr veranstaltet, im August manche gleichzeitig: Während beim Royal Edinburgh Military Tattoo abends Militärkapellen vor dem Schloss eine große Show inszenieren, macht das Edinburgh Festival Fringe die ganze Stadt zur Bühne für kreative, aufstrebende Acts. Die Clubs sind dann noch voller als sonst. Und die Royal Mile steht ganz im Zeichen der Straßenkunst. Auf dem Edinburgh International Festival treten derweil Talente aus der Welt der Klassik auf – Opernstars, virtuose Solistinnen, Balletttänzer. Dann sind da noch, auch im August, ein Filmfestival, ein Buchfestival und ein Kunstfestival.

www.edinburghshogmanay.com; www.edinburghfestivalcity.com; www.edfilmfest.org.uk; www.edinburghartfestival.com

Klassiker an der Royal Mile: Den Pub „Deacon Brodie's Tavern" gibt es seit 1806

Im Rock zum Rugby

Lenny Kravitz hat einen, Robbie Williams auch: einen Schottenrock von **Howie Nicholsby.** Der Kiltmaker, der die Kult-Klamotte zum Mode-Statement gemacht hat, **zeigt in** MERIAN, wo seine Stadt schön schottisch ist

Pub Crawl am Grassmarket
Ich habe früher am Grassmarket gewohnt, und jetzt ist es dort noch amüsanter als damals. Wer in Edinburgh ausgehen möchte, sollte zumindest einmal dorthin kommen. Wenn ich Gäste habe, mache ich mit ihnen an diesem langen Platz gerne einen *pub crawl* und wechsle von einem Lokal ins nächste.

21st Century Kilts
Ich bin Kiltmaker in 4. Generation, habe mein ganzes Leben in Edinburgh gewohnt. Nachdem mein Vater sich zur Ruhe gesetzt hatte, bin ich 2022 von der New Town in seinen Laden auf der Royal Mile gezogen. Nun ist dort alles vereint: die Tradition – und meine Interpretation davon aus anderen Materialien.
59 High Street
www.21stcenturykilts.com

FOTOS: WALTER SCHMITZ (2), KYLIE CORWIN, TANJA FOLEY, ANDREW MERRY/GETTY IMAGES, EMPICS/PICTURE-ALLIANCE, FINDLAY/ALAMY

Haggis, Steaks und Seafood

Das *full Scottish breakfast* ist nichts für jeden Tag, aber ein Erlebnis. Mein Tipp dafür ist das „Café Edinburgh" direkt unter meinem Laden. Für ein schönes Abendessen empfehle ich das „Fishers in The City". Das Restaurant ist bekannt für Fisch und Meeresfrüchte, aber auch die Steaks schmecken köstlich.

Café Edinburgh: 57 High Street; Fishers in The City: 58 Thistle Street, www.fishersrestaurants.co.uk

Holyrood Park

Die Natur ist in Edinburgh immer ganz nah. Den grünen Carlton Hill mag ich auch, aber dieser Park mit seinen Seen, Klippen und Wegen ist noch beeindruckender – und liegt direkt neben der Altstadt. Den Aufstieg zum 251 Meter hohen Arthur's Seat sollte man aber nicht unterschätzen, das ist eine richtige Wanderung, für die man gute Schuhe braucht.

www.historicenvironment.scot/holyrood-park

Rugby im Murrayfield-Stadion

Ein Rugby-Spiel im Murrayfield-Stadion zu besuchen, gehört zu meinen Lieblingsbeschäftigungen in Edinburgh. Dabei bin ich gar nicht so ein Sportfan. Aber die Atmosphäre im Heimstadion der schottischen Nationalmannschaft ist einfach unglaublich. Das Spiel selbst ist sehr physisch und intensiv.

www.scottishrugby.org

Princes Street Gardens

Wer durch diesen lang gezogenen Park läuft, erlebt Edinburgh und seine Bauten immer wieder aus neuen Blickwinkeln. Hier befindet sich auch eines der drei Museen der National Galleries of Scotland. Sie sind kostenlos zugänglich und zeigen hervorragende Kunst.

1 Queen Street, www.nationalgalleries.org

EDINBURGH
CITY LIGHTS

Kneipen, Restaurants und ein Hotelschiff säumen
den Leith Shore hinter dem bis heute aktiven Hafen

Pionier im Hafenviertel

Spitzenkoch **Tom Kitchin** hat miterlebt, wie sich Leith von einer heruntergekommenen
Ecke zum angesagten Stadtteil entwickelt hat. Seit 2006 betreibt er dort mit seiner Frau
Michaela das Restaurant „The Kitchin"

MERIAN *Drogen, Armut, Prostitution: In den
achtziger Jahren galt Leith als Problemviertel.
Wieso habt ihr euer erstes Restaurant ausgerechnet
hier gegründet?*
TOM KITCHIN Vor allem weil wir es uns leisten
konnten, in Leith war die Miete damals
am niedrigsten. Wir waren ein junges Paar
und hatten nicht viel Geld für unser eigenes
Restaurant. So starteten wir hier in einem
ehemaligen *whisky warehouse*.

Und wie hat sich Leith seitdem verändert?
Etwas von der rauen Atmosphäre des Hafen-
viertels ist noch da, aber Leith entwickelt
sich. Es gibt immer mehr Läden, Restaurants
und Projekte wie die „Fingal" (s. rechte Seite).

Seit Kurzem fährt nach langen Bauarbeiten
auch endlich die Straßenbahn bis nach Leith.
Ich hoffe, dass das der Anfang einer aufregenden neuen Zeit für das Viertel ist. Schon
jetzt habe ich das Gefühl, dass die Umgebung
grüner und fußgängerfreundlicher wird.

*Das Restaurant „The Kitchin" ist schon seit 2007
mit einem Michelin-Stern ausgezeichnet. Wie kam
es zu diesem schnellen Erfolg?*
Meine Ausbildung war stark von der klas-
sisch-französischen Kochtradition geprägt, da
geht es immer auch um Saisonalität und lokale Zutaten. Als ich mit meiner Frau zurück
nach Schottland zog, haben wir hier ebenfalls
nach der Saison gearbeitet und Produzenten

**Tom Kitchin rückt
die schottische Küche
ins internationale
Rampenlicht**

in der Umgebung gesucht. Von Anfang an gab es bei uns ein wechselndes Menü, auch mit seltenen Gerichten wie Schweinefuß und raren Meerestieren. Es gibt hier tolle Zutaten, etwa Pilze, Wild und Jakobsmuscheln. Aber damals haben uns viele geraten, immer mindestens ein Gericht mit Lachs, eins mit Huhn und ein Steak auf der Karte zu haben.

Inzwischen gehören weitere Lokale zum Betrieb, darunter der Gastropub „The Scran and Scallie" und das Nachbarschaftsrestaurant „Kora".
Das hat sich so ergeben. Mit „The Kitchin" haben wir klein und bescheiden angefangen, mit nur zwanzig Weinen auf der Karte. Zuerst kamen auch kaum Gäste. Aber schon sechs Monate nach der Eröffnung haben wir den Stern gekriegt. Danach waren wir gut besucht, obwohl wir noch nicht einmal Tischdecken hatten. So fingen wir an zu wachsen.

78 Commercial Quay, www.thekitchin.com

Ein Fenster erlaubt Gästen im „The Kitchin" Einblicke in die Küche. Die Jakobsmuscheln richtet Tom Kitchin gerne direkt in der Schale an

LEITH

Alle Edinburgh-Tipps auf einer kuratierten Karte bei Google Maps

Hotel

Fingal
Fast vier Jahrzehnte war die „Fingal" auf See, nun ankert das ehemalige Leuchtturm-Tenderschiff im historischen Hafen von Leith – als äußerst gediegenes Boutiquehotel. Auf sehr elegante Weise wurde in den 22 Kabinen mit maßgefertigten Möbeln, Wandleuchten und hauseigenen Tartans die nautische Vergangenheit in Szene gesetzt. Gäste können in den originalen Logbüchern schmökern, auf dem oberen Deck wurde ein Restaurant mit Bar eingerichtet. ● ● ● ●
Alexandra Dock
www.fingal.co.uk

Restaurants

Heron
Gerade mal 25 und 28 Jahre alt sind die zwei Köche Sam Yorke und Tomás Gormley, die in diesem Ecklokal mittags wie abends Fine Dining zu fairen Preisen anbieten. Sie machen das so kreativ und gut, dass das „Heron" neben den Restaurants der alteingesessenen Köche Tom Kitchin und Martin Wishart nun das dritte Sterne-Restaurant in Leith ist. ● ●
87-91a Henderson Street
www.heron.scot

Toast
Hier kann der Tag genussvoll beginnen und ebenso

Innovativer Whisky-Turm: Port of Leith Distillery

enden: Morgens gibt es Kaffee und Brunch, etwa Sauerteigbrot mit geräuchertem Schellfisch, Cheddar und Pak Choi. Gegen Abend wechselt die Karte, und das „Toast" wird zur Weinbar mit außergewöhnlichem Angebot – sogar Weine aus der Türkei und Japan stehen auf der Karte.
65 The Shore
www.toastleith.co.uk

Erleben

Royal Yacht Britannia
Als 83. königliche Jacht wurde die „Britannia" 1953 vom Stapel gelassen. In 44 Jahren legte sie über eine Million nautische Meilen zurück, angetrieben von Dampfturbinen und immer im Dienste des britischen Königshauses – egal, ob für Flitterwochen, Staatsvisiten oder Urlaubsreisen. Als sie 1997 als Letzte ihrer Art stillgelegt wurde, musste Queen Elizabeth II. eine Träne verdrücken. Selten wirkte

sie so gelöst wie auf den Fotos, die sie auf Reisen mit der „Britannia" zeigen. Kaum verändert wurde das Schiff für Besucher geöffnet und zur Hauptattraktion von Leith – als begehbares, ebenso spannendes wie skurriles Zeitdokument und Technikdenkmal.
Ocean Drive, www. royalyachtbritannia.co.uk

Custom Lane
So lebendig wie heute war das Zollgebäude von 1812 wohl noch nie: Es dient als Kreativzentrum mit Galerie, Kaffeerösterei und Co-Working-Space für Kunsthandwerk und Design.
1 Customs Wharf
www.customlane.co

Destillerien

Port of Leith Distillery
Die im Oktober 2023 eröffnete Whisky-Destillerie hat das Potenzial, zum Wahrzeichen des neuen Leith zu werden. Wie ein Leuchtturm ragt

das Gebäude direkt an der Hafenmauer in die Höhe, mit einer Bar ganz oben und einer vertikal aufgebauten Brennerei darunter. Die kann besichtigt werden, bis zur Abfüllung des ersten Whiskys aus Gerste von einem nahen Bauernhof wird es allerdings noch eine Weile dauern.
11 Whisky Quay
www.leithdistillery.com

Lind & Lime Distillery
Wacholder, von Hand geschälte Limetten und rosa Pfeffer, alles in Bio-Qualität, sind die Schlüsselzutaten für den puristischen Gin, der hier entsteht. Abgefüllt wird er in wunderschöne Flaschen, deren Design an die Glasfabriken erinnert, die es hier einst gab. Über die Herstellung und über die Geschichte von Leith informiert eine sehr unterhaltsame Tour, die gleich mit einem großen Gin Tonic beginnt.
24 Coburg Street
www.lindandlime.com

Indien, meine Familie und ich

Unerfüllte Reisewünsche? Kennt **Collien Ulmen-Fernandes** nicht.
Fernweh aber schon: Die Moderatorin und Schauspielerin
möchte so bald wie möglich nach Mumbai zurück, um die Familienbande
zu pflegen, die sie gerade erst neu geknüpft hat

Viele meiner Kindheitserinnerungen spielen in Indien, weil es die Heimat meines Vaters ist. Für einen Fernsehdreh bin ich nach 15 Jahren Abwesenheit zum ersten Mal wieder dorthin gereist. Das war vor ungefähr einem Jahr. Ich bin in Hamburg aufgewachsen, doch bis ich eingeschult wurde, haben wir jedes Jahr einige Monate in Mumbai bei meiner Oma, meinen Onkeln und Tanten, Cousins und Cousinen verbracht. Mit Mitte 20 war ich noch einmal ganz kurz in Indien gewesen – das war ungefähr 2008. Erst Anfang 2023 kehrte ich zurück. Die Jahre dazwischen haben mir meine beruflichen Verpflichtungen und die eigene Familie mit kleinem Kind keine Zeit dafür gelassen.

Nach so vielen Jahren wiederzukommen, das war rückblickend eine der wichtigsten Reisen meines Lebens. Alle wiederzusehen war ziemlich emotional! Ich hatte das Gefühl, dass mir meine Familie ein zweites Mal geschenkt wird, obwohl es sie ja immer gegeben hat. Aber der Kontakt war eben eingeschlafen.

Durch meine Arbeit bin ich so viel rumgekommen, dass ich manchmal vergesse, dass ich in diesem oder jenem Land schon einmal war. Aber zurück in Indien nach der langen Abwesenheit, da kamen viele Erinnerungen aus meiner Kindheit wieder hoch. Einmal hatte mir in einem Tierpark ein Affe die Frühstückspfannkuchen vom Teller geklaut, weshalb ich damals furchtbar geweint habe. Diese Geschichte hat mein Onkel Cleo sofort wieder aufgetischt, als wir uns wiedersahen. Auf einem Markt in Mumbai fielen mir die bunten Blumenkränze auf, die ich als Kind oft geschenkt bekam. Und die für Indien typischen bunten Armreifen! Als Mädchen trug ich sie, ohne sie jemals abzunehmen, bis wir sie von meinem Arm schneiden mussten, weil sie zu eng geworden waren.

Mit meiner indischen Familie tauschte ich zahlreiche solcher Erinnerungen aus. Und nun sind sie plötzlich alle wieder ein wichtiger und schöner Teil meines Lebens: mein Onkel Cleo, mein Onkel Livy, meine Tante Gloria und ihre Tochter Marion, deren Mann und Kinder. Seit meinem Besuch sind wir wieder in regelmäßigem Austausch, schicken uns Nachrichten, Mails und Fotos und halten uns auf dem Laufenden. Da kommt so viel Liebe.

Ich fand es auch wahnsinnig bereichernd, mich mit den Kindern meiner Cousine Marion zu unterhalten, beide sind im Teenageralter. Es war spannend, zu hören, wie junge Menschen ihr Aufwachsen in Mumbai erleben, welche Themen sie umtreiben. Wir haben unter anderem auch über das Kastensystem gesprochen, das Menschen aus den untersten Schichten massiv diskriminiert. Meine Familie erzählte, dass es inzwischen aber Förderprogramme gibt und sogar ein paar wenige Politiker, die aus der untersten Kaste kommen. Joshua, der Sohn meiner

Cousine, möchte später in die Computerbranche und erzählte mir, dass die Frauenquote dort mittlerweile bei 50 Prozent liegt. Gleichzeitig kommt es vor, dass Mädchen in ländlichen Regionen verhungern, weil Frauen und Mädchen dort nur das essen dürfen, was die Männer und Jungen ihnen übrig gelassen haben. Erst wenn die Männer mit dem Essen fertig sind, dürfen sich die Frauen an den Tisch setzen.

Solche Dinge zu hören und auch zu sehen, wie ganze Familien in Mumbai auf der Straße leben, hat mich ganz schön mitgenommen. Mumbai ist definitiv kein Reiseziel, an dem man sich erholt: Es ist laut, es ist voll, es ist dreckig. Aber es gibt immer wieder tolle Begegnungen, die einem zeigen, dass sich die Dinge auch

»Freundlichkeit ist für mich auf Reisen der wahre Luxus«

ändern können. Ich habe junge engagierte Inderinnen und Inder von der Umweltorganisation Carter Cleanup kennengelernt, die mit viel Einsatz etwas gegen die krasse Umweltverschmutzung in ihrem Land tun und in riesigen Clean-up-Aktionen mit Hunderten Menschen ehrenamtlich Plastikmüll einsammeln. Einmal wollte ich mir auf dem Markt noch schnell ein Ladegerät kaufen und musste erst mal durch eine 20 Zentimeter hohe Schicht aus Müll waten. Kein seltenes Problem auf den Straßen Mumbais.

Völlig absurd: Direkt im Anschluss an meinen Verwandtschaftsbesuch hatte ich einen Dreh in Mumbai für „Das Traumschiff". Erst war ich jahrelang gar nicht dort und in diesem Jahr gleich zweimal. Natürlich wollte ich meiner indischen Großfamilie meinen Arbeitsplatz zeigen, also habe ich sie über das ganze Schiff geführt, was sehr lustig war. Und dann auch wieder traurig, beim Abschiednehmen. Ich weiß noch, wie ich beim Ablegen auf dem Balkon meiner Kabine saß, die Stadtsilhouette am Horizont verschwinden sah und feuchte Augen bekam.

All diese Eindrücke haben mich so geprägt, dass ich jetzt ein neues Doku-Projekt über Indien anschieben will. Und ich möchte so bald wie möglich mit meinem Mann und meiner Tochter nach Indien reisen, damit auch mein Kind diesen Teil seiner Wurzeln kennenlernt.

Collien Ulmen-Fernandes ist als Moderatorin des vor 30 Jahren gegründeten Musiksenders „VIVA" bekannt geworden. In der dreiteiligen Dokumentation „Die VIVA-Story – zu geil für diese Welt" (seit dem 1. Dezember in der ARD-Mediathek) wirft sie einen Blick zurück in diese Zeit.

»Es ist eine Offenbarung, sich in der Wildnis klein zu fühlen«

FOTO: JIMMY CHIN

Geschützte Steppe im Süden Chiles: Kris Tompkins
auf einem der vielen Wanderwege im Nationalpark Patagonia

Kris Tompkins verliebte sich in Doug, dann verfielen beide
der Schönheit Patagoniens. Um dessen Natur zu schützen, kauften die
beiden Unternehmer für Hunderte Millionen in Chile und
Argentinien eine Fläche, so groß wie die Schweiz. 15 Nationalparks
wuchsen. Und selbst Dougs Tod konnte Kris nicht davon
abhalten, ihren gemeinsamen Traum weiter wahr werden zu lassen

INTERVIEW: KALLE HARBERG

Am Ende des Interviews schwärmt sie von David Attenborough. Dass sie dem legendären Naturforscher und Tierfilmer einen Brief geschrieben und eigentlich nicht mit einer Antwort gerechnet habe, aber trotzdem zehn Tage später eine im Briefkasten lag. Ihre Bescheidenheit ehrt sie, aber: Selbstverständlich hat Sir David geantwortet. Kristine McDivitt Tompkins, die alle nur Kris nennen, gehört schließlich zu den größten Umweltschützern aller Zeiten. Wenige Menschen haben mehr Wildnis gerettet als sie, Ex-CEO der Outdoor-Marke Patagonia, und ihr Mann Doug, Mitgründer von The North Face. 2018 vermachte sie in beider Namen der chilenischen Regierung die größte private Landschenkung Chiles. Und obwohl ihr Lebenswerk damit eigentlich schon gesichert ist, arbeitet die 73-jährige US-Amerikanerin als Präsidentin ihrer Tompkins Conservation noch immer daran, ihre Nationalparks mit Leben zu füllen – auch wenn sie viel von ihrem eigenen mittlerweile in den USA verbringt. Von Shaw Island im Nordwesten Amerikas schaltet sie sich zum Gespräch zu, um darüber zu reden, warum ein Picasso weniger wert ist als ein Wald, wie es sich mit abgehörten Telefonen lebt und warum in ihrem einstigen Haus in Patagonien bald Gäste übernachten dürfen.

MERIAN *Als Sie und Ihr verstorbener Ehemann Doug Tompkins Anfang der neunziger Jahre damit begannen, Patagonien gemeinsam zu entdecken, stiegen Sie in kein Auto, sondern beinahe täglich in das Propellerflugzeug, mit dem Ihr Mann gerne mitten im Nirgendwo landete. Waren diese Trips so abenteuerlich, wie sie sich anhören?*
KRIS TOMPKINS Oh, ich würde schätzen, siebzig Prozent der Flüge waren holprig und oft ziemlich unheimlich. In Argentinien ist es nicht so schlimm, aber in Chile ist das Fliegen schwierig, man schwebt über den Anden oder dem Pazifik, das Wetter ist brutal. Wir sind an einigen extremen Orten gelandet. Patagonien ist ein wildes Territorium, das vom Boden aus

schwer zu begreifen ist. Aber durch das viele Fliegen konnten wir die Landschaft wirklich verstehen – das hat, glaube ich, fast alles beeinflusst, was wir danach taten.

Was genau hat Sie an Patagoniens Landschaft so fasziniert?
Besonders auf argentinischer Seite ist sie so gewaltig und – in Anführungszeichen – leer. Die Gauchos lebten damals noch sehr isoliert und waren von den Elementen abgehärtet. Es ist hier einfach so extrem, und das bringt etwas in einem zum Vorschein. Mitte der Achtziger habe ich mich mal in Tibet an eine Kletterexpedition rangehängt. Patagonien ist einer der wenigen Orte, wo ich dasselbe bewegend-schwermütige Gefühl für die Landschaft und die Leute darin bekomme. Die Menschen sind nicht unbedingt traurig, aber wenn man unter diesen extremen Bedingungen aus seiner Haustür tritt, dann muss man, nun ja, sich warm anziehen.

Über Jahrzehnte haben Sie und Doug in Patagonien Land gekauft und dabei mehr als 400 Millionen Euro investiert. Mit so viel Geld leisten sich andere einen Fuhrpark oder stiften einen Museumsflügel. Warum war die Wildnis für Sie wertvoller als diese klassischen Statussymbole?
Robert Rockefeller war ein guter Freund und ➤

Rund 30 Jahre, viel Aufbau- und Trauerarbeit liegen zwischen diesen Fotos: Kris Tompkins heute und Anfang der neunziger Jahre mit ihrem Mann Doug

FOTOS: TOMPKINS CONSERVATION, JIMMY CHIN

»Es ist hier einfach so extrem, und
das bringt etwas in einem zum Vorschein«

> »Unsere Projekte haben mich
> auf mehr als eine Art gerettet«

ein großer Umweltschützer, dessen Familie auch für die Kunstwelt viel getan hat. Er sagte einmal zu mir: Wenn heute Nachmittag jedes Kunstwerk auf der Welt zerstört würde, morgen würdest du aufwachen und es gäbe neue Kunst. Aber wenn ein Urwald vernichtet wird, dann wächst er nie wieder so nach, wie er über Millionen von Jahren entstanden ist. Doug hatte sogar eine kleine, aber außergewöhnliche Kunstsammlung. Er hat sie verkauft, um das Geld in unsere Projekte zu stecken. Wir beide wuchsen in der Natur auf und sahen, was mit ihr geschah. Wahrscheinlich ist es die Art von Entscheidung, die man nicht mit dem Kopf, sondern in der Seele trifft.

Die einheimische Bevölkerung ist Ihnen bisweilen mit großem Misstrauen begegnet. Manche dachten, Sie wollten für China Wasser stehlen, andere vermuteten, Sie planten ein Atommüll-Endlager. Wurde es jemals richtig gefährlich?

Oh, keine Frage. Mehr für Doug als für mich. Unsere Telefone wurden fünf Jahre lang abgehört, und während zwei von denen war ich sicher, dass Dougs Leben in Gefahr war. Seltsamerweise hat uns das nicht vorsichtiger gemacht. Und als wir die Infrastruktur in Pumalín, dem ersten Areal, auf das wir uns konzentrierten, fertiggestellt hatten, als die Leute dort in den Cabañas übernachten, im

Restaurant essen und auf den Campingplätzen ihr Zelt aufschlagen konnten, da sahen sie ein, dass wir das machten, was wir versprachen.

Als Doug 2015 bei einem Kayakunfall auf tragische Weise verstarb, lag es an Ihnen, weiterzumachen. Dachten Sie jemals daran, Ihren gemeinsamen Traum, die Areale in Nationalparks zu verwandeln, aufzugeben?
Ich habe darüber nachgedacht, was ich mit mir selbst in dieser Welle der Trauer anstellen soll. Aber nie, nicht mal für eine Millisekunde, habe ich darüber nachgedacht, dass wir nicht weitermachen würden. Ich war also in einem inneren Konflikt, konnte mir kein Leben ohne Doug vorstellen, das ich haben wollte. Und gleichzeitig kam es mir nicht

einmal in den Sinn, unsere Areale nicht so schnell wie möglich zu vergrößern. Ich glaube, unsere Projekte haben mich auf mehr als eine Art gerettet.

Drei Jahre später übertrugen Sie große Gebiete schließlich an die chilenische Regierung, die sie zu Nationalparks machte. Wie können Umweltschutz und Tourismus dort harmonieren?
Die US-amerikanischen Nationalparks wie Yosemite oder Yellowstone mit dem Städtchen West Yellowstone sind das Ergebnis der Menschen, die kommen, um sie zu besuchen. Es braucht eine Weile, aber das ist es, was wir langfristig wollen: Dass die Gemeinden aufgrund der Parks aufblühen. Denn wenn natürliche Ressourcen mit der Zeit immer ➤

Seelöwen und Kaiserkormorane unter sich: Im Biosphärenreservat Patagonia Azul an der Atlantikküste in der argentinischen Provinz Chubut

FOTOS: JACK DYKINGA, BETH WALD

FOTOS: BETH WALD, LINDE WAIDHOFER, MATIAS REBAK

Im Nordosten Argentiniens: Touristen auf einer Sumpf-Bootsfahrt im Nationalpark Iberá. Aufmerksame Beobachter in der chilenischen Region Aysén: Guanakos

gefragter werden, wird es immer schwieriger, diese Gebiete zu schützen. Wenn die einheimische Bevölkerung nicht von den Parks profitiert, wie soll sie sich dann für sie verantwortlich fühlen und sie beschützen?

Braucht die Wildnis in Patagonien den Menschen? Der Hauptgrund, warum wir das alles machen, ist, dass Menschen diese Orte besuchen. Man kann sich in nichts verlieben, das man nicht kennt. Ich sage immer: Wenn ich mir einen Picasso kaufe, was ich mir heute nicht mehr leisten könnte, also wenn jemand sich einen Picasso kauft und ihn im Wohnzimmer über den Kamin hängt, wer sieht ihn dann? Aber wenn man denselben

Picasso ins MoMA oder ins Centre Pompidou hängt, dann sehen ihn jedes Jahr Millionen. Danach streben wir. Uns war nicht wichtig, dass diese Gebiete uns gehören. Uns war wichtig, dass sie ins öffentliche Bewusstsein vordringen und ein Verantwortungsgefühl hervorrufen.

Nicht nur Besucher kommen in die Parks, sondern auch ehemals vertriebene Tierarten, die Ihre Stiftung Tompkins Conservation wieder auswildert. Bei welcher war das am schwierigsten? Dass zum ersten Mal seit 70 Jahren wieder Jaguare durch einen Abschnitt Argentiniens laufen, war zweifellos eine unserer größten Herausforderungen. Aber jede Spezies, mit

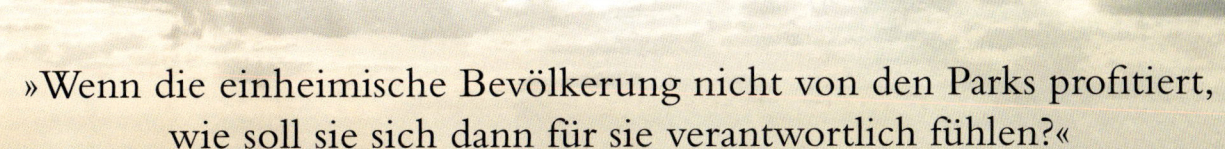

»Wenn die einheimische Bevölkerung nicht von den Parks profitiert,
wie soll sie sich dann für sie verantwortlich fühlen?«

der wir gearbeitet haben, 13 sind es bisher, ist eigen. Der Große Ameisenbär etwa – wie soll man ein Senderhalsband um ein Tier legen, das einen so kleinen Kopf hat? „Rewilding", wie wir es nennen, ist harte Arbeit mit sehr wenigen Präzedenzfällen. Wir arbeiten mit erstklassigen Wissenschaftlern und Forschern zusammen, aber oftmals müssen wir improvisieren.

Der Iberá-Nationalpark liegt nicht in Patagonien, er ist ein Beispiel dafür, wie weit verteilt die Schutzgebiete inzwischen sind

Das letzte Puzzlestück des „Rewilding", haben sie einmal gesagt, sind wir selbst.
Oje, ja, das stimmt. Ich glaube, wir sollten immer im Kopf behalten, dass wir Modernisten sind und in einem Zeitalter wie keinem zuvor aufwachsen. Ich wurde in den Fünfzi-

gern geboren, wir hatten Waschmaschinen und Fernsehen. Was unsere Vorfahren hatten, wir haben es nicht mehr. Wir wurden nicht dazu erzogen, zu wissen, was es dort draußen gibt. Ich nenne es: unseren Geist renaturieren, sich wieder mit den Dingen synchronisieren, auf die wir angewiesen sind. Es ist eine richtige Offenbarung, sich als Mensch in der Wildnis klein zu fühlen. Wenn wir sie nicht schützen, dann werfen wir unsere Zukunft genauso weg wie die allen Lebens. Dafür muss unser Verstand renaturiert werden.

Welche Trips in die Wildnis Ihrer Parks würden Sie Besuchern dafür ans Herz legen?
In Chile sollten Sie als Erstes den National- ➤

Der Bodensee würde mehr als fünfmal hineinpassen: in den chilenischen Nationalpark Pumalín. Einer von vielen, die wieder mehr Lebensraum haben: ein Ozelot

park Pumalín besuchen. Und wenn Sie einen Mietwagen haben, dann fahren Sie auf jeden Fall ein Stück der Ruta de los Parques, die 17 Schutzgebiete verbindet, nach Süden bis zum Patagonia-Nationalpark. Dort könnten Sie dann sogar noch über die Grenze fahren und einige weitere Parks besuchen, zum Schluss geben Sie den Wagen in Punta Arenas ab und fliegen zurück. Das ist eine einmalige Reise. Auf argentinischer Seite besuchen Sie am besten Iberá, wo wir Jaguare, Große Ameisenbären und Riesenottern ausgewildert haben.

Auch Ihr ehemaliges Zuhause, die im Nationalpark Patagonia liegende „Casa Butler" mit drei herrlichen Schlafzimmern, soll bald für Besucher geöffnet werden.
Ein wunderschönes Haus und mit nichts zu vergleichen. Ich wollte es eigentlich nicht überschreiben. Aber während der Pandemie ging ich in die USA zurück, und jetzt pendle ich hin und her. Weil ich erst einmal nicht rund um die Uhr in Patagonien lebe, habe ich mir angesehen, was es jedes Jahr kosten würde, sich um das Haus zu kümmern. Und da habe ich mir einfach gedacht: Das Geld stecken wir lieber in unsere Projekte. Ich kann ja immer noch in dem Haus übernachten und werde das auch tun.

Nicht mal ein bisschen wehmütig?
Oh, ich will nicht lügen, es tut weh. Ich habe 30 Jahre lang dort unten in den wunderschönsten Häusern gelebt, gebaut im einheimischen Stil, der in Nordargentinien anders ist als in Pumalín oder Südchile. Fehlt es mir? Ja. Aber ich bereue es nicht, an diesen unglaublich wilden, abgelegenen Orten gelebt zu haben. Das gehört zum Teil meines Lebens, für den ich am dankbarsten bin. ❖

FOTOS: TOMPKINS CONSERVATION (2), JIMMY CHIN

»Ich nenne es: unseren Geist
renaturieren, sich wieder mit den
Dingen synchronisieren,
auf die wir angewiesen sind«

Kleiner Mensch, großer Einfluss: Kris Tompkins
blickt in die Weite des Patagonia-Nationalparks

Alle Patagonien-Tipps auf
einer kuratierten Karte bei
Google Maps

Beste Reisezeit

Wenn auf der Nordhalbkugel tiefster Winter ist, herrscht auf der Südhalbkugel bekanntlich Hochsommer – die beste Reisezeit für Patagonien liegt also zwischen November und Februar. Warme, wetterfeste Kleidung muss für alle Fälle immer ins Gepäck. Wer im Juni oder Juli nach Patagonien reist, muss damit rechnen, dass viele der Wege in den Parks wegen schlechter Witterung geschlossen sind.

Anreise

Patagonien erstreckt sich über den Süden Argentiniens und Chiles, man kann sich dem Landstrich also von zwei Ländern aus nähern. Mit Lufthansa kostet der Trip nach Buenos Aires – der Direktflug von Frankfurt dauert rund 14 Stunden – in der Regel um die 1000 Euro, ähnlich viel wie nach Santiago de Chile. Wer genug Zeit im Gepäck hat, nutzt sie für einen Roadtrip von den Hauptstädten nach Patagonien: Auf argentinischer Seite führt die Ruta 40 immer Richtung Süden, auf chilenischer die legendäre Carretera Austral (Ruta 7). Wer es eiliger hat, steigt noch einmal in einen Flieger: El Calafate und Ushuaia in Argentinien, Puerto Natales und Punta Arenas in Chile sowie viele weitere Orte sind aus der Luft gut zu erreichen. Einen Mietwagen braucht man jedoch auf jeden Fall, um die entlegenen Parks der Region zu erreichen.

Parks

Das vom Ehepaar Tompkins über Jahrzehnte erworbene Land

Nationalparks an Land und im Ozean, Provinzparks und Schutzgebiete, in denen einst verdrängte Tierarten renaturiert werden: Unsere Karte zeigt eine Auswahl der von Tompkins Conservation angestoßenen und betreuten Parks und Projekte in Patagonien

hat 15 Nationalparks auf beiden Seiten der Grenze neu geschaffen oder erweitert, die in Patagonien unter Naturschutz stehenden Gebiete wuchsen dadurch auf rund 40 000 Quadratkilometer. Nicht alle der neuen Parks liegen streng genommen in Patagonien, die Mehrheit aber schon.

Von den dortigen Schutzgebieten haben laut Kris Tompkins derzeit Pumalín, Patagonia Azul und der Patagonia National Park die beste Infrastruktur. Die Königslösung, so viele Parks wie möglich auf der chilenischen Seite zu entdecken, ist die 2018 geschaffene Ruta de los Parques: Sie ist etwa 2800 Kilometer lang und verbindet insgesamt 17 Nationalparks. Das Team von Kris Tompkins hat sogar einen kleinen Reisepass entworfen, mit dem Besucher Stempel in den Parks sammeln können – soweit Tompkins weiß, hat noch niemand ein volles Set, viele aber seien am Sammeln.
www.tompkinsconservation.org, www.rutadelosparques.org

Hotels

Explora Lodge im Patagonia National Park
Für die Eröffnung der lange von Kris Tompkins bewohnten und herrlich renovierten „Casa Butler" gibt es derzeit leider noch kein Datum – zum Glück hat der Anbieter „Explora" auch den einstöckigen Bau im Portfolio, den das Ehepaar lange für Sponsoren-Events nutzte. Heute hat das Boutiquehotel 13 dezent-stilvoll eingerichtete Zimmer und Suiten, ein Spa mit drei Outdoor-Hot-Tubs und ein Restaurant, dessen Menü von Pablo Jesús Rivero entworfen wurde, einem der besten Köche Lateinamerikas. Wer hätte gedacht, dass sich die Wildnis so heimelig anfühlen kann?
www.explora.com/patagonia-national-park

Lodge Caleta Gonzalo
Diese Lodge in Pumalín hat Holzfällercharme: Sie besteht aus sieben gemütlichen Hütten mit

Platz für zwei bis vier Personen. Besonders zu empfehlen ist die „Villa Hobbit", die nur wenige Meter vom Strand des Fjords entfernt liegt, in dem man mit Glück Delfine und Seelöwen beobachten kann. Die Lodge liegt in der besser erschlossenen Südhälfte des Parks, so führt etwa der „Cascadas Trail" an den Hütten vorbei. Im passend unprätentiösen Restaurant kommt Gemüse aus dem eigenen Garten auf den Tisch.
www.lodgecaletagonzalo.cl

Bahía Bustamante Lodge
Keinen Handyempfang gibt es hier, Internet nur ein paar Stunden am Tag – doch wer braucht schon moderne Technik, wenn man in einer der wildesten Ecken der Welt übernachtet? „Argentiniens private (und geheime) Antwort auf die Galapagos-Inseln" nannte die New York Times diesen Ort. Die einstige Algenfarm liegt im Schutzgebiet Patagonia Azul, heute ist sie eine rustikale, aber sehr geschmackvoll gestaltete Unterkunft aus Hütten und Bungalows. Am schönsten sind die „Superior Sea Cabins". Im alten Gemischtwarenladen findet sich nun das Restaurant. Unbedingt sollte man Zeit für Touren zu den vorgelagerten Vogel- und Pinguinkolonien einplanen.
www.bahiabustamante.com

Puyuhuapi Lodge & Spa
Sudetendeutsche gründeten Anfang der dreißiger Jahre das kleine chilenische Dorf, zu dem heute diese exklusive Lodge gehört. Der mit seinem Türmchen verwunschen aussehende Bau liegt wunderschön

In der „Explora Lodge" im National Park Patagonien haben fünf Suiten und acht Zimmer Platz, von denen man auf die Hügel von Tamango und Tamanguito blickt

Sicher unterwegs: Tipps für Patagonien von Thorsten Tschirner, Reise-Experte bei HanseMerkur

MERIAN *Patagonien, der Süden Südamerikas, zieht sich durch Argentinien und Chile. Die Gegend ist extrem weitläufig. Was sollten Reisende bedenken, bevor sie aufbrechen?*
THORSTEN TSCHIRNER In weiten Teilen Patagoniens begegnet man kaum anderen Menschen, und oft fehlt der Handy-Empfang. Wenn dann etwas passiert, kann es kritisch werden. Daher ist es besser, in kleinen Gruppen zu reisen. Kommt es zu einem Unfall oder einer Erkrankung, kann einer Hilfe holen, und die anderen kümmern sich um die betroffene Person. Wer alleine oder zu zweit auf Tour ist, sollte ein Satellitentelefon mitnehmen und sicherstellen, dass andere wissen, wo man unterwegs ist.

Viele Straßenabschnitte sind Schotterpisten. Worauf sollte man achten, wenn man ein Auto mietet?
Es sollte geländegängig und für alle Straßen zugelassen sein. Wichtig ist eine Notausstattung, falls das Auto eine Panne hat: ein Kanister mit Trinkwasser, ausreichend Proviant, ein Erste-Hilfe-Set. Und: Decken oder Schlafsäcke. Die Temperaturen können enorm schwanken!

Kaum eine Patagonien-Reise ohne Bergtour.
Zu Recht! Nur sollten Wanderer nicht einfach draufloslaufen. Wichtig ist, nicht nur den Weg zu kennen, sondern auch seine Beschaffenheit. Wer zum Beispiel auf einen Gletscher möchte, braucht einen kundigen Begleiter, Helm und Steigeisen.

Und wenn doch etwas passiert …
… dann wird es in so einer Gegend oft kompliziert und teuer. Einfach schnell einen Krankenwagen rufen, funktioniert ja nicht. Wer vorher eine Auslands-Krankenversicherung abschließt, stellt sicher, dass auch hohe Transport- und Behandlungskosten abgedeckt sind. Eine 24-Stunden-Notruf-Hotline unterstützt zudem, die richtige medizinische Versorgung vor Ort zu bekommen.

an einem von Regenwald eingerahmten Fjord und ist nur per Boot zu erreichen. Wellness ist nicht nur dank der exzellenten Spa die große Stärke dieses Hauses mit seinen rund 30 Zimmern, dazu gibt es noch drei tolle Outdoor-Pools und ein feines Restaurant.
Puyuhuapi, Bahía Dorita
www.puyuhuapilodge.com

Villa El Tehuelche
Traumhaft gelegene Unterkunft am chilenischen Lago General Carrera. Bis zu acht Gäste haben Platz in den drei Schlafzimmern des einfachen Hauses. Es gibt einen privaten Strand quasi vor der Haustür, am besten fährt man mit einem Kanu auf den See hinaus und wärmt sich danach in der Hot Tub oder am Kamin wieder auf.
Puerto Guadal, Ruta 265 Km 15, Sector El Maqui

Erleben

Pumalín Douglas Tompkins National Park
Der chilenische Park liegt am Nordende der

Carretera Austral, ist von Tausenden Wasserfällen durch- und von gemäßigtem Regenwald überzogen. Besonders eindrucksvoll ist die Patagonische Zypresse, die bis zu 3000 Jahre alt werden kann. Zu einem der ältesten Exemplare bringt Besucher der zauberhafte – und von der „Lodge Caleta Gonzalo" aus gut zwölf Kilometer lange – „Los Alerces Trail", der teilweise über Holzstege führt. Ebenfalls großartig: der Wanderweg zum Krater des Vulkans Chaitén, der 2008 zum ersten Mal seit 9000 Jahren ausbrach. Die Mondlandschaft über der Baumgrenze ist absolut beeindruckend.
www.tompkinsconservation.org/explore

Patagonia National Park
Als eine der wildesten Regionen des ohnehin schon ziemlich wilden Patagoniens preist die Tompkins Conservation diesen Park. Das Schutzgebiet ist Heimat von mehr als hundert archäologischen Stätten

der Tehuelche sowie von Höhlenmalereien. Natürlich gibt es aber auch grandiose Wanderwege. Eine Tagestour führt etwa von der „Explora Lodge" hinauf zu den Lagunas Altas, mit etwas Glück kann man dabei Adler und Kondore beobachten. Das ganz große Abenteuer verspricht der mehrtägige Wanderweg „Avilés", der den Park auf der Route der allerersten Viehtriebe durchquert.
www.rutadelosparques.org/en/parque-nacional-patagonia

Filmtipp

Ihre Bergsteiger-Doku „Free Solo" brachte Jimmy Chin und Elizabeth Chai Vasarhelyi einen Oscar ein, ihr neuer Film „Wild Life" widmet sich ganz dem Leben von Kris Tompkins. Gegen intime Interviews mit ihr sind Archivaufnahmen ihrer gemeinsamen Zeit mit Doug geschnitten. Ein starkes Porträt einer noch stärkeren Frau, zu sehen auf der Streaming-Plattform Disney+.

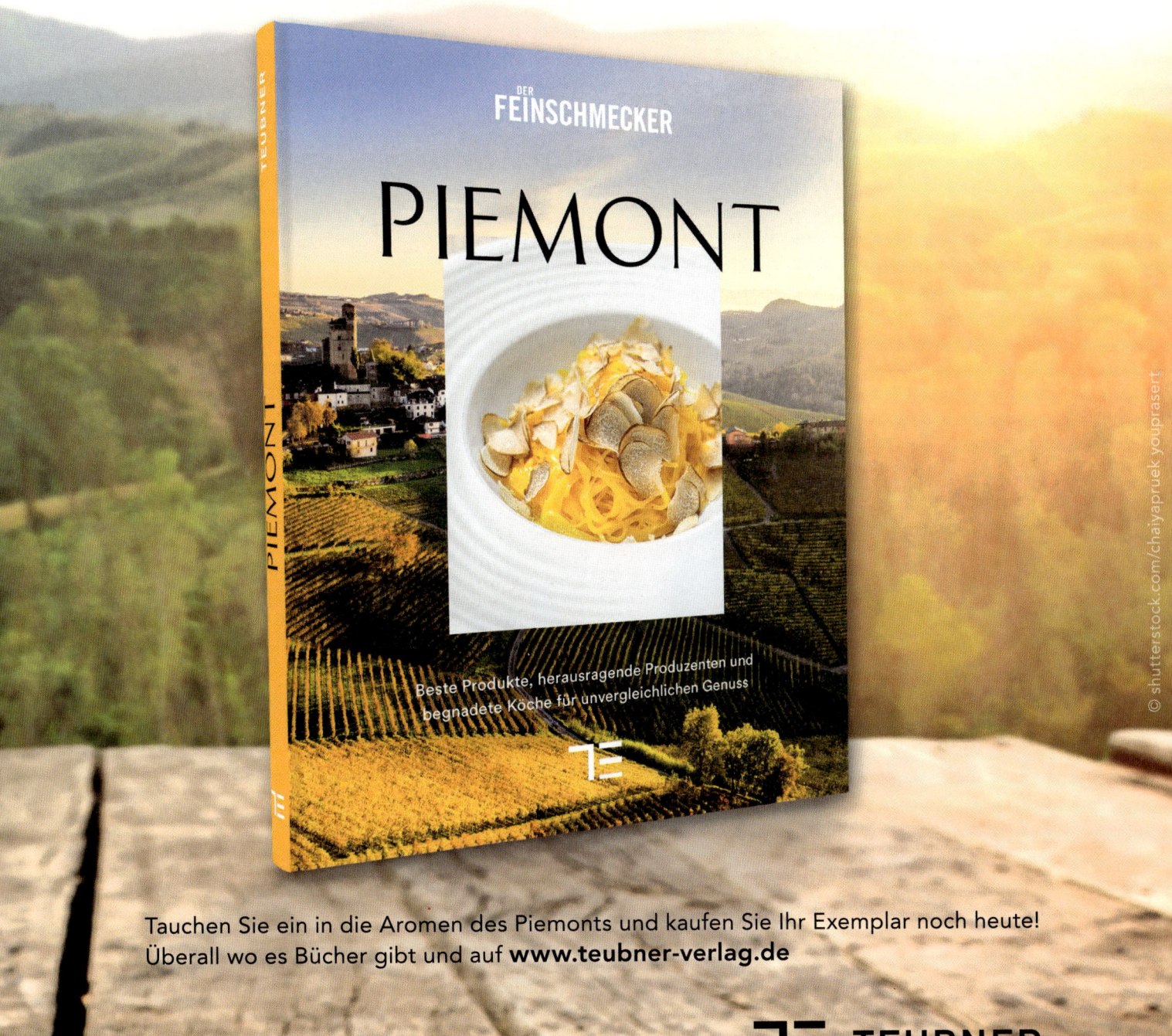

Hotel Couture

A wie Armani bis V wie Versace:
Luxuslabels sorgen nicht
mehr nur mit ihren Kollektionen für
Aufsehen, sie designen auch Häuser.
Von Portugal bis Dubai eröffnen
extravagante Fashion-Hotels – gleich
mehrere davon in der Modemetropole
Mailand, wo die neuen Markenwelten
ein ganzes Viertel verändern

VON KALLE HARBERG

Wer durch das mächtige Portal
schreitet, das sich wie von
Zauberhand zwischen den
Boutiquen auf Mailands
Corso Venezia auftut, steht plötzlich auf einer
riesigen, ruhigen, von Säulen gerahmten
Piazza. Über Jahrhunderte war dieser Ort ein
Priesterseminar und vielen Mailändern ein
Rätsel, sie kannten diese Ecke ihrer Stadt vor
allem wegen des Parkhauses neben der Piazza.
Unzählige Male fuhr Valeriano Antonioli mit
dem Fahrrad an dem sieben Meter hohen
Holztor vorbei: „Und immer fragte ich mich:
Wer weiß, was wohl dahintersteckt?"

Die Antwort hat er dann irgendwann selbst
gestaltet. Antonioli ist CEO der „Lungarno
Collection", einer Hotelgruppe mit sechs
Häusern in Rom, Florenz und nun auch
in Mailand, Italiens zweitgrößter Stadt. Im
Dezember 2022 öffnete das „Portrait Milano"
seine Türen – in einem der ältesten Priester-

**Das Versace-Logo mit dem Kopf der Medusa ziert die
Lobby des „Palazzo Versace Dubai". Das Design ist von
neoklassizistischer Architektur inspiriert**

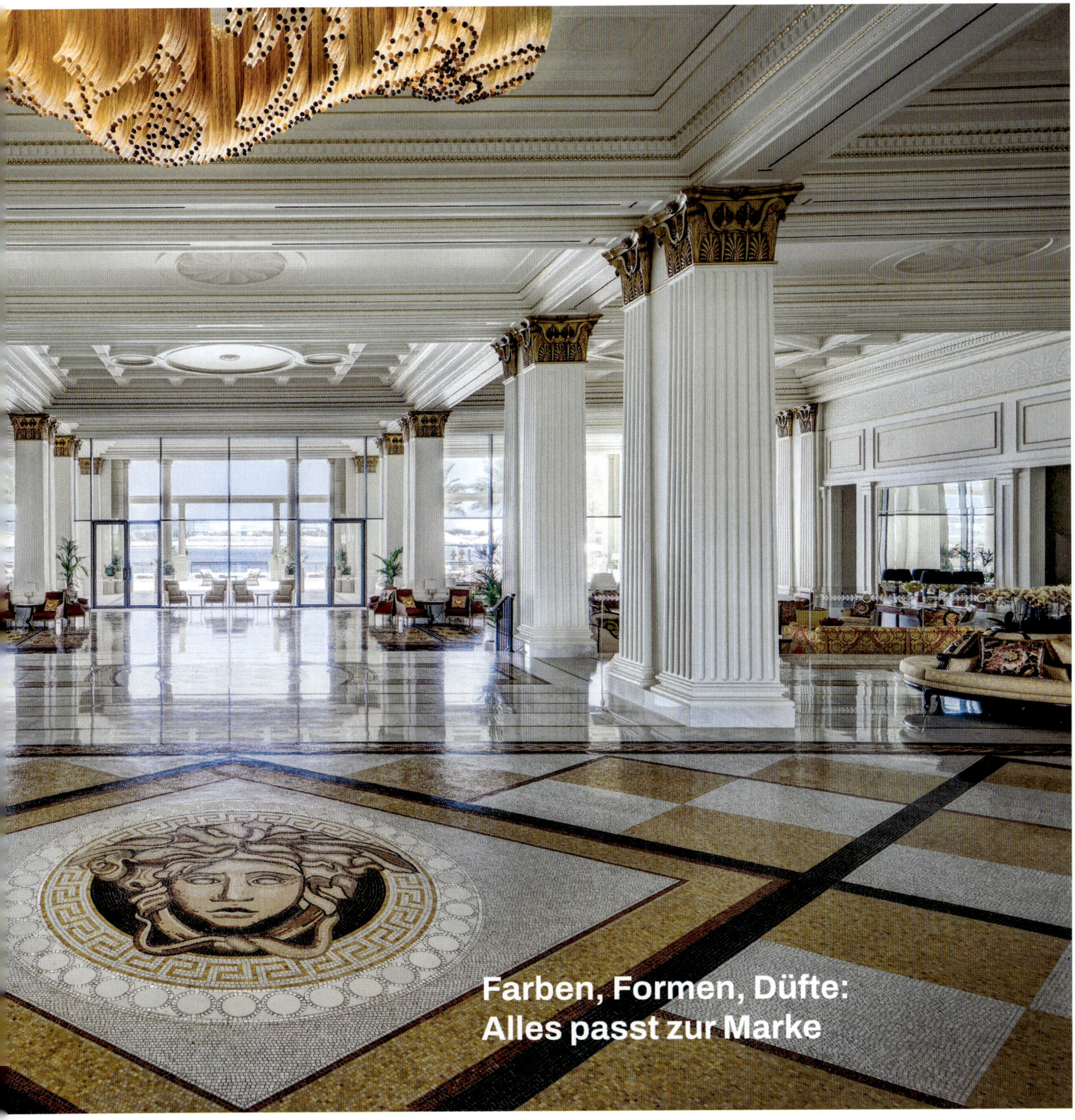

Farben, Formen, Düfte:
Alles passt zur Marke

VERSACE

Der 2000 eröffnete „Palazzo Versace Gold Coast" machte die italienische Modemarke zu einem Pionier auf dem Markt der Fashion-Hotels. Mittlerweile wurde das Luxushotel in Australien abgegeben, dafür kam 2015 ein umso prächtigeres Exemplar hinzu: Der „Palazzo Versace Dubai" (links) liegt an der Uferpromenade von Jaddaf und soll an einen italienischen Palast aus dem 16. Jahrhundert erinnern. Er hat Platz für 215 Zimmer und Suiten, neun Restaurants, Bars und Lounges sowie drei Outdoor-Pools.

Ein neuer Blick
auf die Ewige Stadt:
Den verspricht die
grüne Dachterrasse
des im Sommer 2023
eröffneten „Bulgari
Hotel Roma"

CHRISTIAN LOUBOUTIN

Die roten Sohlen sind das Markenzeichen des französischen Schuhdesigners, natürlich spielt die Farbe auch in seinem ersten Hotel eine Hauptrolle: Es heißt „Vermelho", portugiesisch für „rot". Zu finden ist es seit Sommer 2023 in Melides, südlich von Lissabon. Gestaltet wurde das Haus mit nur 13 Zimmern von Louboutin persönlich mit Schätzen aus seinem Lager. Gemalte Muschel-girlanden zieren die Wände (großes Foto links).

seminare Europas, das um 1565 vom Neffen des damaligen Papstes gegründet wurde. Zuvor hatte Antonioli sich fast ein Viertel-jahrhundert lang mit der katholischen Kirche über eine Nutzung der Immobilie im Quadrilatero della Moda, Mailands Fashion-Viertel, ausgetauscht, immer wieder höflich angeklopft, bis er den Bischof von seinem Entwurf überzeugen konnte. Die Idee: luxuri-öse italienische Geschäfte rund um die Piazza einzurichten und im Herzen des Seminars ein Fünf-Sterne-Hotel, das in Mailand seinesglei-chen sucht. „Mein Traum ist, dass die Piazza del Quadrilatero und das ,Portrait Milano' zu einem Ort werden, von dem jeder weiß, dass dort immer etwas los ist", sagt der Hotelier.

Von der einstigen Renaissance-Grandezza ließ der Krieg im Inneren nicht viel übrig, neue Pracht brachte der italienische Archi-tekt und Designer Michele Bönan hinein.

73 Zimmer und Suiten hat er gestaltet, gehalten sind sie in sattem Grün und Rot, das die sakrale Historie des Hauses betont. Dunkle Holzmöbel dominieren, sehr edel und gleichzeitig sehr warm wirkt die Einrich-tung. Manche Zimmer sind mit einer Bar be-stückt, an der man sich den perfekten Aperitif mixen kann. Der, das nur am Rande, soll in Mailand erfunden worden sein, die Stadt versteht sich als Kapitale des Aperitifs. Der ganze Stil des Hauses erinnert an das Mailand der sechziger Jahre, eine goldene Zeit in der Geschichte der Metropole.

Salvatore Ferragamo erlebte diese Zeit nicht mehr, er starb 1960, sein Name aber blieb und steht bis heute für Designer-Schuhe aus Italien. Seine Autobiografie „Shoemaker of Dreams" liegt in jedem Zimmer aus, Ent-würfe und Patente des Modemachers hängen an den Wänden. Und im Aufzug ist Audrey

BULGARI

Ginge es nur um die Anzahl der Häuser, würde Bulgari unter den im Hotelsektor agierenden Luxuslabels zu den Marktführern ge-hören. Neun Hotels und Resorts tragen derzeit den Namen des auf Schmuck spezialisierten römischen Unternehmens. Drei weitere sollen bald ihre Türen öffnen: 2025 auf den Malediven, 2026 in Miami und Los Angeles. Damit würde Bulgari dann auf insgesamt vier Kontinenten Hotels unterhalten. Dazu kommen ein Café in Osaka sowie eine Bar und ein Restaurant in Tokio. Das von Sternekoch Niko Romito kreierte Feingebäck (rechts) dürfen Gäste aber auch in vielen der Hotels verzehren.

Saisonale Schönheit: Das Hotel „White 1921"
in Saint-Tropez ist im Sommer Heimat eines
von Louis Vuitton gesponserten Spitzenrestaurants

LOUIS VUITTON

LOUIS VUITTON

Das französische Label fährt mehrgleisig: Als eine Hälfte des Luxusgiganten „LVMH Moët Hennessy – Louis Vuitton" gehören ihm unter der Marke „Belmond" Dutzende Hotels. 2026 soll aber auch das erste offensiv gebrandete „Louis Vuitton Hotel" am Pariser Hauptsitz eröffnen. Bis dahin wird das Label mit Restaurants, etwa in Saint-Tropez (links) oder im chinesischen Chengdu, und Pop-up-Stores wie am Comer See von sich reden machen.

Hepburn zu sehen, wie sie mit Ferragamo durch Florenz spaziert. Er entwarf die Ballerinas, die sie im Film „My Fair Lady" trug.

Es mag nicht ihren Namen tragen, aber so wird dezent akzentuiert: Das Hotel gehört – wie die gesamte „Lungarno Collection" – der Familie Ferragamo, deren Modelabel weltweit für feine Schuhe und Lederaccessoires gefeiert wird. Und die Ferragamos sind bei Weitem nicht die Einzigen. Viele Luxusmarken, deren Namen für höchste Qualität, für Haute Couture und edlen Lifestyle stehen, haben Hotels eröffnet oder sind dabei. So erweitern sie ihre Markenwelt.

Den Anfang machte Versace mit dem „Palazzo Versace", der im Jahr 2000 an Australiens Gold Coast eröffnete, es folgten Hotels von Design-Ikonen wie Armani, Bulgari und Missoni von Bali über Dubai bis nach Paris. „Sie bauen einen Markenmikrokosmos, die in ihren Augen perfekte Welt", erklärt Martha Cristina Garza die Motivation dahinter. Garza ist Gründerin der Markenberatung „Luxuryst", hat mit Branchengrößen wie Cartier gearbeitet und zwei Jahre in Mailand gelebt, Italiens Modestadt schlechthin, wo das Markenbewusstsein sehr ausgeprägt ist. „Die Italiener mögen einfach einen *branded lifestyle*", sagt Garza.

Und dieser Lifestyle wird in Mailand in anderen Häusern noch wesentlich offensiver gelebt als im „Portrait Milano". Ein kurzer Spaziergang führt durch den Hinterausgang der Piazza zehn Minuten durch das Quadrilatero della Moda zum „Armani Hotel

Milano". Wobei „Hotel" hier viel zu kurz greift. Das Mailänder Modeimperium hat sich ein Armani-Themen-Haus gestaltet. Über drei Stockwerke werden Produkte aus der Welt des Labels in allen Facetten angeboten, bei „Armani Libri" Bücher zu Mode und Design, bei „Armani Dolci" edelste Pralinen und Tartes, bei „Armani Fiori" Blumen-Kunstwerke, bei „Armani Profumi" Düfte und in der Modeboutique jene Kreationen, die den Markenkern bilden. Darüber liegen die 95 Zimmer und Suiten eines Fünf-Sterne-Hotels, das seinen eigenen Eingang hat. Durch die Lobby wabert ein schwerer Duft, den das Unternehmen eigens für dieses 2011 eröffnete Haus konzipiert hat. Er heißt „Bois d'Encens", es gibt ihn auch zu kaufen.

Armanis Stil durchzieht das Hotel, es dominieren dunkle Farben und klare Linien. Giorgio Armani schaue gelegentlich selbst vorbei, erzählt die Assistentin, die Journalisten durch das Haus führt. „Wir müssen ihn bei allem konsultieren – selbst bei den Blumengestecken". Auf jede Zimmertür ist ein kleines Spotlight in Form eines Lichtkegels gerichtet, „jeder soll sich wie ein VIP fühlen", erklärt die Assistentin.

Ein Credo, wie es auch drei Straßen weiter im „Bulgari Hotel Milano" gelebt wird. Möchte ein Gast das Haus nicht verlassen, bringen sie etwa Juwelen aus ihrer Boutique um die Ecke auf die Suite. Das Mailänder Haus, dessen Herz eine ovale Bar ist, von der man in den

FERRAGAMO

Kein Hotel trägt den Namen des Modeimperiums offiziell im Namen, deren Besitzer mögen es lieber dezent und haben ihre Sammlung „Lungarno Collection" getauft. Sie besteht aus fünf Häusern in der Heimatstadt Florenz, einem in Rom und seit 2022 einem in Mailand. Die Piazza des „Portrait Milano" (links) diente auch schon als Kulisse für Ferragamos Modenschau: Der Platz wurde dafür komplett mit Sand in der für die Marke typischen feuerroten Farbe bedeckt.

Garten des umgebauten Palazzo blickt, war 2004 Bulgaris allererstes Hotel. Mittlerweile unterhält die Luxusmarke Häuser in Tokio, Shanghai, London und seit diesem Sommer in Rom. Zur Eröffnung wurden die Hollywoodstars Zendaya und Priyanka Chopra eingeflogen, die beide Botschafterinnen für Bulgari sind.

Eine Marken-Oase mitten in der Stadt

Und nicht nur im Hotelsektor setzen Luxusmarken neue, starke Akzente. Dior beschäftigt nun auch Baristas und unterhält Cafés in Seoul und Saint-Tropez. Gucci hat 2018 im Palazzo della Mercanzia in Florenz den „Gucci Garden" geschaffen, eine Marken-Oase mitten in der Stadt. Die „Gucci Osteria", das erste Restaurant des Modegiganten, hat der Sternekoch Massimo Bottura mitentwickelt. Der im „Gucci Garden" integrierte Shop hat Stücke im Angebot, die nur für diesen Laden designt wurden und ausschließlich dort erhältlich sind. Auch in Mailand gibt es im Gastgewerbe innovative Joint Ventures: Die „Bar Luce" in der „Fondazione Prada" ließ sich das Modehaus von Wes Anderson entwerfen. „Ich wollte sie zu einer Bar machen, in die man gerne fünfmal die Woche gehen würde", hat der US-amerikanische Kultregisseur zu diesem Werk gesagt. Flipperautomaten und eine Jukebox stehen an der Wand, bunte Bonbongläser hinter der Theke, dazwischen pastellfarbene und perfekt symmetrisch angeordnete Tische und Stühle. Wer dort einen Aperitif trinkt, mag sich fühlen wie der Star in einem von Andersons schrulligen Filmen.

In der „Bar at Ralph Lauren" dagegen scheint der Glaube an das gute alte Amerika fortzubestehen. Der Charme der Bar, die sich gleich neben der Boutique des Mode-machers befindet, liegt irgendwo zwischen einer kleinen Ranch in Montana und „Great Gatsby". Lässiger Swing tropft aus den Boxen, die Stühle sind lederbezogen, auf den gold-gerahmten Gemälden rekeln sich Pferde und – bei Ralph Lauren Pflicht – Polospieler. Auf der Karte sticht der „Ralph's Burger" heraus, dazu gibt es den „Ralph's Summer Punch".

Was kommt als Nächstes? Luxusexpertin Martha Garza ist sich sicher, dass die bereits im Hotelgewerbe mitspielenden Marken weiter expandieren, während neue Player auf Pop-ups und außergewöhnliche Kollaboratio-nen setzen werden. „Es kostet weniger Zeit und Geld – und selbstverständlich ist es ein kleineres Risiko." Valentino etwa hat letzten Sommer den Beach Club des legendären „Palazzo Avino" an der Amalfiküste umge-staltet, Dior ließ ein Schiff samt Spa über die Seine schippern, „sehr elegant, sehr mini-malistisch". Das wird gerne betont, denn es besteht die Gefahr, dass die Hotels, Restau-rants und Pop-ups so sehr gebrandet werden,

GUCCI

Bis 2025 wollte das Florentiner Modehaus 40 Hotels im Nahen Osten, Ostasien und Süd-amerika eröffnen, die Pläne scheinen aber auf Eis zu liegen. Nur die „Royal Suite" im Londoner „The Savoy" gestaltete das Label 2021 anlässlich sei-nes 100. Geburtstages um. Ansonsten setzt Gucci auf Kulinarik: Es gibt eigene Restaurants in Tokio, Seoul, Beverly Hills und Florenz. Letzteres ist integriert in die Markenwelt des „Gucci Garden", zu dem auch ein Kino und ein Selfie-Room gehören.

Eine breit geschwungene Treppe verbindet die beiden Ebenen der „Signature Suite Gym" im „Armani Hotel Milano". Das Armani-A ziert unübersehbar den Eingangsbereich

dass sie nicht mehr so wertig wirken wie gewünscht. „Ein jüngeres Publikum will gesehen werden, will eine Marke", sagt Garza. „Aber altes Geld, glaube ich, wird sich immer für leisen Luxus entscheiden."

Luxus kann auch inklusiv sein

Darauf setzen sie im „Portrait Milano". „Ferragamo ist nicht pompös", sagt CEO Valeriano Antonioli. Understatement gehört hier zum Markenkern. Während Bulgari und Armani ihre Häuser im Hintergrund von erfahrenen Ketten wie „Marriott" sowie „Emaar Hotels und Resorts" managen lassen, hat Ferragamo sich mit der „Lungarno Collection" eine eigene aufgebaut. Vor allem aber verstehen sie Luxus im „Portrait Milano" – trotz Preisen von mehr als tausend Euro die Nacht – nicht als exklusiv, sondern als inklusiv. Wenn es nach Antonioli geht, wird die Piazza Mailands große neue Spielfläche. 2023 fand auf dem Platz eine Ausstellung des englischen Fotografen Jimmy Nelson statt, während der Fashion Week diente er bereits zum zweiten Mal als Kulisse für Modeevents, „und vielleicht werden wir hier eines Tages", sagt der Hotelier mit einem Lächeln, „auch ein Freundschaftsspiel zwischen Inter und AC Mailand austragen."

Man wird ja noch träumen dürfen.

ARMANI

In seiner Heimatstadt Mailand eröffnete Mode-Großmeister Giorgio Armani nun sein zweites Hotel – von oben erinnert dessen Grundriss übrigens ebenfalls an das ikonische „A" der Marke. Das allererste „Armani Hotel" ist seit 2010 in Dubais Wolkenkratzer Burj Khalifa zu Hause, wo es die Etagen eins bis acht sowie 38 und 39 einnimmt. Ein drittes Hotel ist im saudi-arabischen Diriyah geplant, das zur Tourismusregion entwickelt werden soll.

Beste Reisezeit

Kommt ganz darauf
an, ob einem der Sinn
nach Ruhe oder Remmi-
demmi steht. Am vollsten
ist die Stadt während der
Fashion Week im Sep-
tember und während der
Möbelmesse Salone del
Mobile im April. Wer
dann eine Unterkunft
braucht, sollte möglichst
früh buchen. Am wenigs-
ten los ist im August,
in Italiens großem Ferien-
monat.

Anreise

Von den zwei Flughäfen,
Malpensa und Linate,
ist Letzterer deutlich
näher an der Stadt. Seit
Frühjahr 2023 fährt die
U-Bahn-Linie M4 in zwölf
Minuten von Linate ins
Zentrum. Malpensa da-
gegen liegt rund 50 Kilo-
meter von der Innenstadt
entfernt, ist aber dennoch
relativ einfach per Zug mit
dem Malpensa Express
zu erreichen, der etwa am
Hauptbahnhof oder den
Stationen Cadorna und
Porto Garibaldi hält.

Hotels

Portrait Milano
Dass mitten in Mailand
noch ein bisher ver-
schlossener Platz wie die
Piazza del Quadrilatero
existiert, der nun zum
Leben erwacht, kommt
einem kleinen Wunder
gleich. Im Dezember
2022 eröffnete das Fünf-
Sterne-Hotel in dem alten
Priesterseminar, für den
stilvollen und dezenten
Umbau verantwortlich
war Stararchitekt Michele
de Lucchi. Ein Spa
und eine Dachterrasse
sollen das Hotel noch
ergänzen, schon jetzt
sind die 73 Zimmer und
Suiten ein absoluter Hin-
gucker – besonders die
165 Quadratmeter große
Borromeo-Suite, aus der

man auf den schönen
Garten hinunterblickt, in
dem morgens auch das
Frühstück serviert wird.
●●●●◑
Corso Venezia 11, www.
lungarnocollection.com

Armani Hotel Milano
Den mächtigen Stil des
Fünf-Sterne-Hauses
muss man mögen,
ansonsten wird der Auf-
enthalt erdrückend. Das
Hotel steht auf dem Kopf,
die Rezeption befindet
sich ganz oben – ein-
fach im Erdgeschoss in
den Aufzug steigen, der
wie im Versteck eines
James-Bond-Böse-
wichts nur zwei Knöpfe
hat. Neben den extrem
eleganten Zimmern und
Suiten gehören zu den
Highlights des „Armani
Hotels" die sakral anmu-
tende „Bamboo Bar" und
das Spa. Von beiden hat
man einen grandiosen
Blick über die Dächer von
Mailand.
Via Alessandro Manzoni 31
www.armanihotels.com

Bulgari Hotel Milano
58 Zimmer und Suiten
hat der umgebaute
Palazzo, der bei seiner
Eröffnung 2004 das erste
Luxuslabel-Hotel in Mai-
land war. Das Haus
ist auf der Höhe der Zeit

Gin, Aperol, Ananas-, Orangen- und Limettensaft –
fertig ist der im Hotel servierte „Bulgari Cocktail"

geblieben, gerade be-
kommt es ein neues Fit-
nessstudio. Die Kalorien,
die man dort verbrennt,
kann man im Restaurant
samt begrünter Bar und
Garten wieder reinholen –
24 Stunden lang wird hier
Frühstück angeboten, so-
dass man den Tag immer
richtig beginnen kann.
Via Privata Fratelli Gabba
7B, www.bulgarihotels.com

Restaurants

Beefbar
Als Teil des „Portrait
Milano" eröffnete an der
Piazza eine Depen-
dance dieser exklusiven

Steakhouse-Kette.
Das Restaurant wurde
in der einstigen Kapelle
des Priesterseminars
eingerichtet und
atmet mit seinen Sitz-
ecken und den adrett
gekleideten Kellnern
ebenfalls den Stil des
Mailands der Sechziger.
Von Streetfood bis
Haute Cuisine findet
sich für Fleischlieb-
haber alles auf der
Karte, das Wagyu ist
exzellent. Zum Nach-
tisch sollte man un-
bedingt das Mantecato
bestellen, bei dem
man fast wütend
wird, dass Eis so gut

schmecken kann.
Corso Venezia 11
www.beefbar.com/milano

DG Martini
Nur einen Katzensprung
vom „Portrait Milano"
entfernt liegt dieses Joint
Venture der Modemarke
Dolce & Gabbana und
des Getränkeherstellers
Martini. Vor allem die
Pasta ist zu empfehlen,
auf der Veranda werden
Snacks und Pizzen ser-
viert. Unsere Empfehlung
unter den Signature
Drinks: der „King of
Martini".
Corso Venezia 15
https://world.dolcegabbana.
com/martini

Bars

Bar Luce
Als Kind wollte Regisseur
Wes Anderson Archi-
tekt werden, für dieses
Museumscafé der „Fon-
dazione Prada" durfte er
seinen Traum ausleben.
Die Plätze am Fenster
sind leider oft reserviert,
dann nimmt man eben
auf einem der Sessel mit
verstellbarem Tablett
Platz. Auf denen kann
man nach einem Snack,
zum Beispiel leckeren
Panini, mit dem Schrei-
ben am eigenen Dreh-
buch beginnen.
Largo Isarco 2, www.fonda-
zioneprada.org/barluce

The Bar at Ralph Lauren
Wer nach der Shopping-
Tour durch das Mailänder
Modeviereck eine Ver-
schnaufpause braucht,
ist in dieser Bar neben
der Boutique von Ralph
Lauren goldrichtig. Es
gibt einen holzvertäfelten
Innenbereich und einen
kleinen Garten, die Karte
reicht vom Frühstück bis
zum Aperitif, der Dress-
code wird als smart-ele-
gant beschrieben.
Via Della Spiga 5
www.ralphlauren.de

Fotografien berühmter Bulgari-Juwelen – und nicht weniger berühmter Models –
zieren die mit warmen Tönen akzentuierte Lobby des „Bulgari Hotel Milano"

Der große Jackpot

Eine Stadt spielt auf Sieg: Das berüchtigte Las Vegas will mehr sein als
bloß Amerikas dekadentestes Reiseziel – und setzt dafür auf großen Sport, feine
Küche und total abgefahrene Kunst. Also auf ein Neues: Viva Las Vegas!

VON KALLE HARBERG

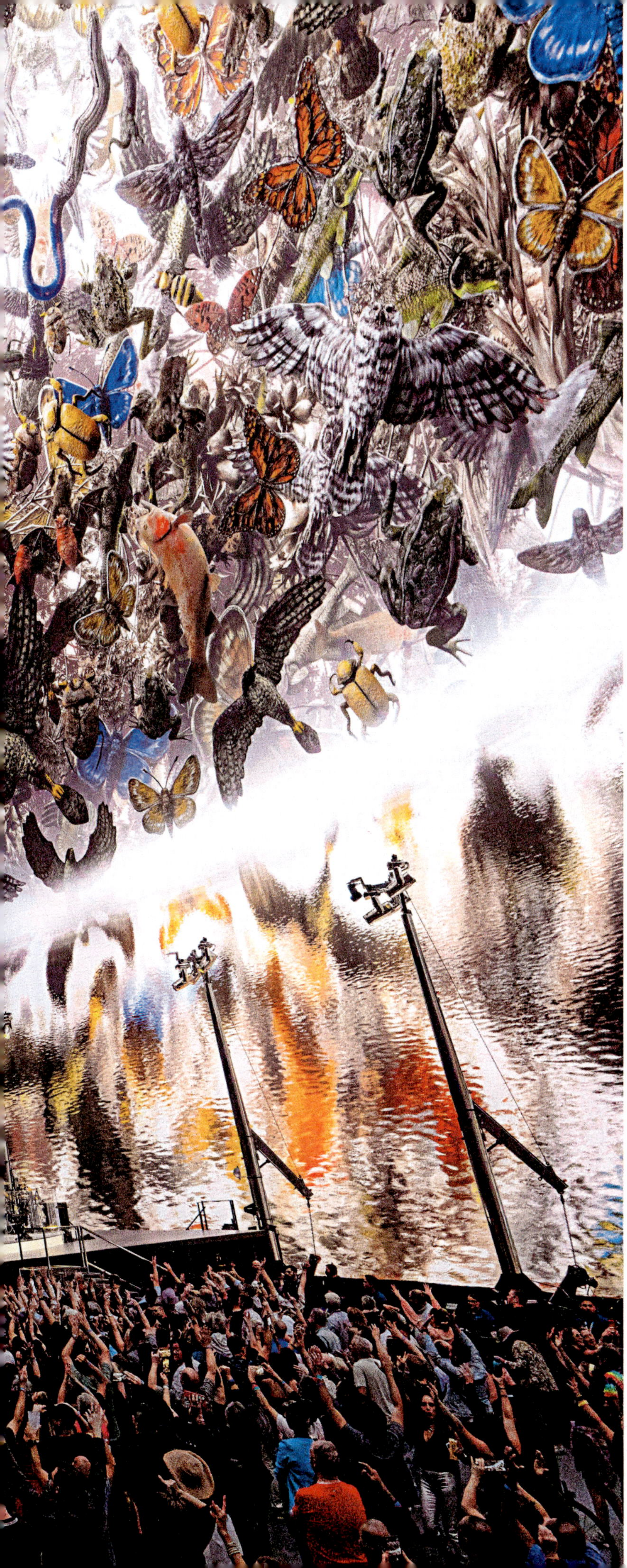

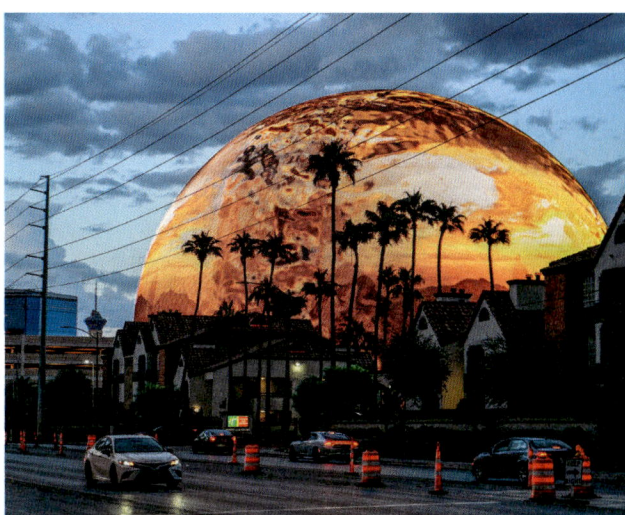

Außen warmer Sonnenuntergang, innen (links) riesiges Wimmelbild: Tausende Bildschirme lassen die „Sphere" bei Events immer anders aussehen

FOTOS: KEVIN MAZUR/GETTY IMAGES, ANADOLU AGENCY/GETTY IMAGES

Die Skyline von Las Vegas sah schon immer aus, als hätte ein Sechsjähriger seine Spielanleitung zerrissen, alle Lego-Kisten auf einmal ausgeschüttet und schallend verkündet: „So, jetzt zeige ich euch mal, wie eine Stadt aussehen muss!" Da thront ein 165 Meter hoher Eiffelturm über einem See, aus dem riesige Fontänen sprühen. Da findet sich eine Pyramide mit mehr als 4000 Zimmern und ein Hotelklotz, inspiriert von Venedigs Dogenpalast, durch den ein Kanal samt singender Gondoliere fließt. Alles hier blinkt und blendet, als fielen Weihnachten und Silvester auf denselben Tag – und jetzt ist in diese wild zusammengewürfelte Stadt auch noch eine schillernde Kugel gefallen, die aussieht, als gehöre sie zum brandneuen Bausatz „Die Außerirdischen kommen!".

Die Kugel heißt „Sphere" und ist eine auf der Welt einmalige Entertainment-Halle. Gekostet hat sie mehr als zwei Milliarden Euro. Rund 20 000 Besucher passen hinein, 1586 Lautsprecher machen den Sound und ein 54 000 Quadratmeter großer, sich in die Kuppel schmiegender LED-Screen die Optik. Von außen ist die Sphere ebenfalls mit Bildschirmen überzogen, welche die Kugel mitunter als Basketball, Emoji oder Wüstenlandschaft in Szene setzen. Sport-Events

Neue Helden, alte Ikonen: Die Golden Knights gewannen 2023 den Stanley Cup (oben), den Strip rahmen berühmte Hotels wie das „Paris" samt Eiffelturm

und Kino-Erlebnisse sollen in der Kugel stattfinden, in erster Linie aber spektakuläre Konzerte. Eröffnet wurde die Sphere im September 2023 von U2, die einen überwältigenden Schwarm von Vögeln, Schmetterlingen und Fischen auf die 250-Milliarden-Pixel-Leinwand losließen. Als „Zukunft des Entertainments" wird die Kugel beworben. U2-Frontmann Bono beschrieb sie mit trockenem irischen Understatement: „Was für eine schicke Bude!"

Die Sphere markiert einen Meilenstein in der Trendwende, in der die Wüstenstadt sich gerade befindet. Amerikas „Sin City" will nicht mehr nur Glücksspieler und Junggesellenabschiede anlocken, will mehr sein als nur die Casinos auf dem berüchtigten Strip – der zum Teil übrigens im künstlich geschaffenen Städtchen Paradise liegt, um Steuern zu sparen. Entertainment der Spitzenklasse wird in Las Vegas schon geboten, spätestens seit das „Rat Pack" um Frank Sinatra regelmäßig hier auftrat. Die Sphere soll es nun auf das nächste Level heben. Die Stadt arbeitet daran, ihrer eigenen Vision mit neuen Arten von At-

FOTOS: BRUCE BENNETT/GETTY IMAGES, MOS SUKJAROENKRAISRI/UNSPLASH, PREET PATEL/UNSPLASH, SURDIN PHOTOGRAPHY/ALAMY

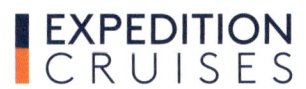

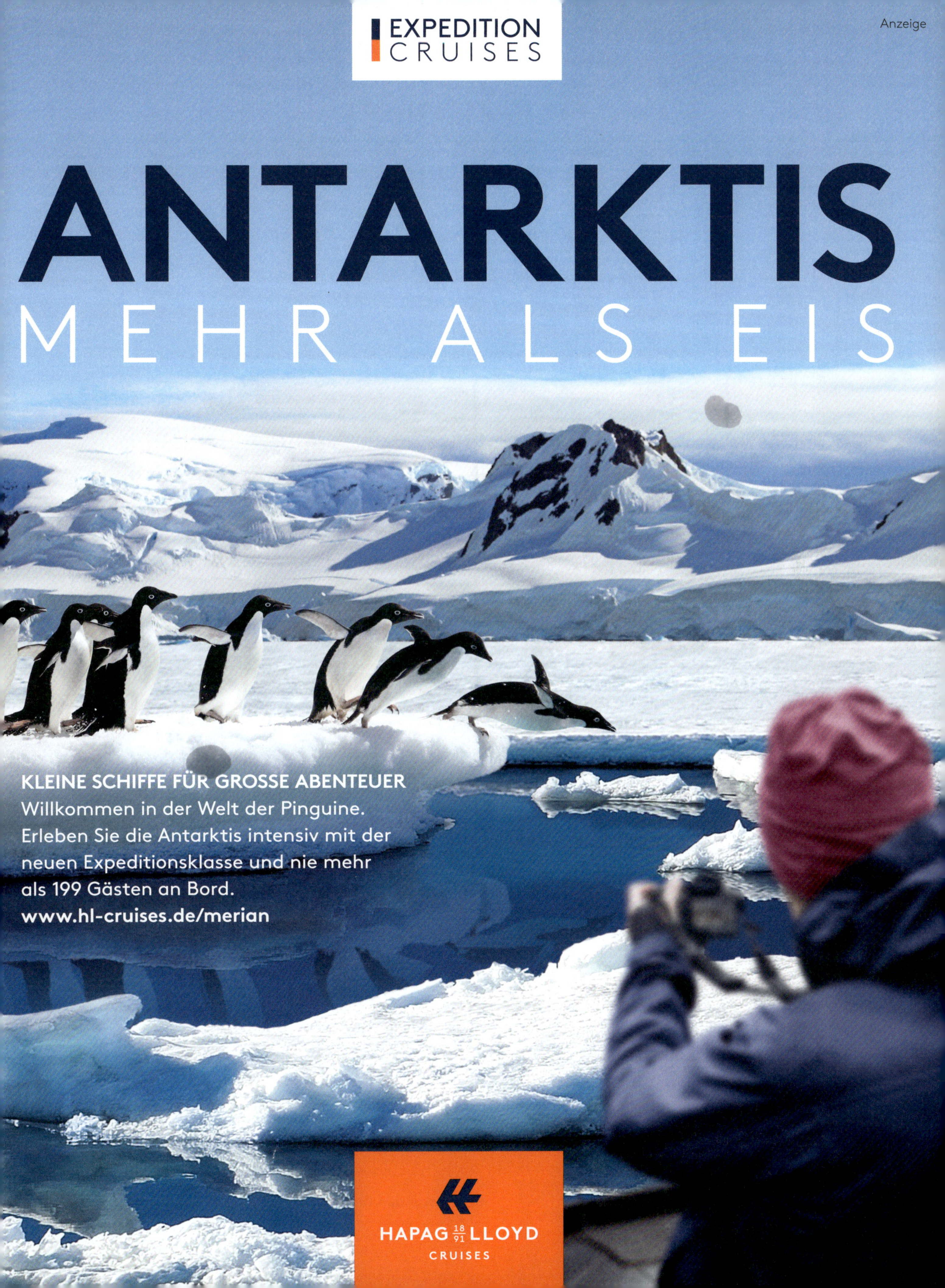
Anzeige
EXPEDITION CRUISES
ANTARKTIS
MEHR ALS EIS
KLEINE SCHIFFE FÜR GROSSE ABENTEUER
Willkommen in der Welt der Pinguine.
Erleben Sie die Antarktis intensiv mit der
neuen Expeditionsklasse und nie mehr
als 199 Gästen an Bord.
www.hl-cruises.de/merian
HAPAG 18 91 LLOYD
CRUISES

Das Abenteuer ruft: die neue Expeditionsklasse von Hapag-Lloyd Cruises

DREI BAUGLEICHE EXPEDITIONSSCHIFFE:
HANSEATIC nature, HANSEATIC inspiration & HANSEATIC spirit

- **Unberührte Regionen erkunden:**
  kleine, hochmoderne Schiffe auf spektakulären Routen

- **Expedition pur:**
  Natur ganz intensiv bei Zodiacfahrten und Anlandungen

- **Horizonte erweitern:**
  Crew und Wissenschaftler mit weltweiter Expertise

- **Sicherheit am Ende der Welt:**
  dank höchster Eisklasse für Passagierschiffe

- **Reisen mit Respekt:**
  modernste Umwelttechnik, 100 % Schweröl-frei

- **Sternstunden für Entdecker:**
  höchste Standards bei Service und Ausstattung

Jetzt informieren und kostenlos Katalog anfordern

SPEKTAKULÄRE ROUTEN WELTWEIT

Das Authentische ungefiltert auf sich wirken lassen. Umwege nicht als Zeitverzögerung ansehen. Ungeplantes als Inspiration verstehen. All das erwartet Sie auf jeder Expedition und macht diese so außergewöhnlich. Eis und Tropen, nah und fern, lange und kurze Reisen. Ob Arktis und Antarktis, Spitzbergen, Great Lakes, Amazonas, Chiles Fjorde, Japan, Südsee oder Europas Inselwelten – freuen Sie sich auf spannendes Neuland.

MEHR WISSEN, MEHR ENTDECKEN

Jede Expedition bietet Ihnen durchgehend Möglichkeiten, sich neues Wissen über die Wunder der Welt anzueignen. Die modernen Schiffe dienen dafür als Expeditionsbasis, Forschungsstation und Studienplatz. Ein Team erfahrener Experten bereichert jede Reise mit Fachwissen und Vorträgen. Sie lenken immer wieder Ihre Blicke auf das Besondere, das anderen Reisenden verborgen bleibt und das sich im bordeigenen Wissensatelier, der Ocean Academy, vertiefen lässt.

UNSERE ENTDECKERFLOTTE

Wenn Wale zum Freudensprung ansetzen und Robben zum Eisbad abtauchen, werden Sie keinen Moment verpassen. Die Basis dafür sind unsere kleinen Expeditionsschiffe mit einem Höchstmaß an offenen Decksflächen. Geringer Tiefgang und hohe Manövrierfähigkeit bringen Sie auch dort weiter, wo große Kreuzfahrtschiffe beidrehen müssen. Auf dem Umlauf am Bug oder den gläsernen Balkonen sind Sie immer mitten im Erlebnis.

FREIHEITSGEFÜHLE UND HÖCHSTER KOMFORT

Das von der Natur inspirierte Schiffsdesign schafft eine Wohlfühlatmosphäre in allen 120 Außenkabinen. Wie genussvoll und vitalisierend eine Expedition sein kann, beweisen drei Restaurants, das großzügige Spa und das vielfältige Sportangebot – immer inklusive Meerblick. Gekrönt vom Service einer 175-köpfigen Crew für die nie mehr als 230 Gäste (199 bei Antarktis-Expeditionen).

NACHHALTIGKEIT UND SICHERHEIT

Spektakuläre Expeditionen und Engagement für den Schutz der Natur gehen bei Hapag-Lloyd Cruises Hand in Hand. So nutzen wir etwa zur Emissionsreduzierung einen optimierten Schiffsrumpf, einen SCR-Katalysator und Landstrom. Dank höchster Eisklasse für Passagierschiffe und polarerfahrener Crew bewegen wir uns zudem verantwortungsvoll und sicher durch schützenswerte Gebiete. Angetrieben von schadstoffarmem Marine-Gasöl 0,1 %.

traktionen eine Verjüngungskur zu verpassen. *„What happens here, stays here"* war lange der offizielle Slogan von Las Vegas. Schon 2020 bekam er einen neuen Spin: *„What happens here, only happens here."*

Ein neuer Publikumsmagnet ist der Spitzensport. Die Las Vegas Golden Knights gewannen 2023 mit dem Stanley Cup die US-Eishockey-Liga, seit 2020 ist auch das Football-Team der Raiders in Las Vegas zu Hause. Ihre neue Heimat, die rund 1,8 Milliarden Euro teure schwarze Schüssel des Allegiant Stadium, wird 2024 zum ersten Mal Austragungsort des Super Bowl sein. Organisiert wird Amerikas größtes Sportereignis von Sam Joffray, Präsident und CEO des sogenannten „Host Committee", das als Untermieter bei der Mixed-Martial-Arts-Organisation UFC eingezogen ist – abseits vom Strip, direkt an der Ringstraße. Für seine Heimatstadt New Orleans hat Joffray schon mehrere Super Bowls auf die Beine gestellt, Las Vegas aber, sagt er im großen Konferenzraum des Komitees, sei ein ganz anderes Kaliber. „Die Geschwindigkeit, mit der sich diese Stadt bewegt, ist irrwitzig." Joffrays Ziel: Las Vegas soll den Super Bowl nicht nur einmal austragen, sondern einer der Favoriten unter den jährlich rotierenden Städten werden. Nach New Orleans gehe er nur zurück, sagt er halb scherzend, wenn man ihn aus Las Vegas jage. „Die Zukunft hier ist strahlend."

Mit 300 km/h mitten durch die Stadt

So sehen sie das auch auf der anderen Seite des Strip. Dort ist in nur einem Jahr das an der Boxengasse gelegene Pit-Gebäude der neuen Formel-1-Strecke aus dem Boden gestampft worden. Es ist das größte seiner Art im Rennzirkus, allein das Dach wird geschmückt von 2600 Quadratmeter großen Bildschirmen in Form des F1-Logos. Las Vegas soll das neue US-Hauptquartier der Formel 1 werden, für November 2023 ist das Rennen zum ersten Mal angesetzt – aber nur wenige Wochen, bevor Max Verstappen und Co. über den Strip rasen sollen, läuft Bauleiter Ron Anderson noch durch halb fertige Garagen. Anderson, Schutzhelm auf dem Kopf, Tattoo der US-Flagge auf dem Unterarm, hat Erfahrung mit verrückten Bauprojekten, für Elon Musk arbeitete er an Tunneln, mit denen

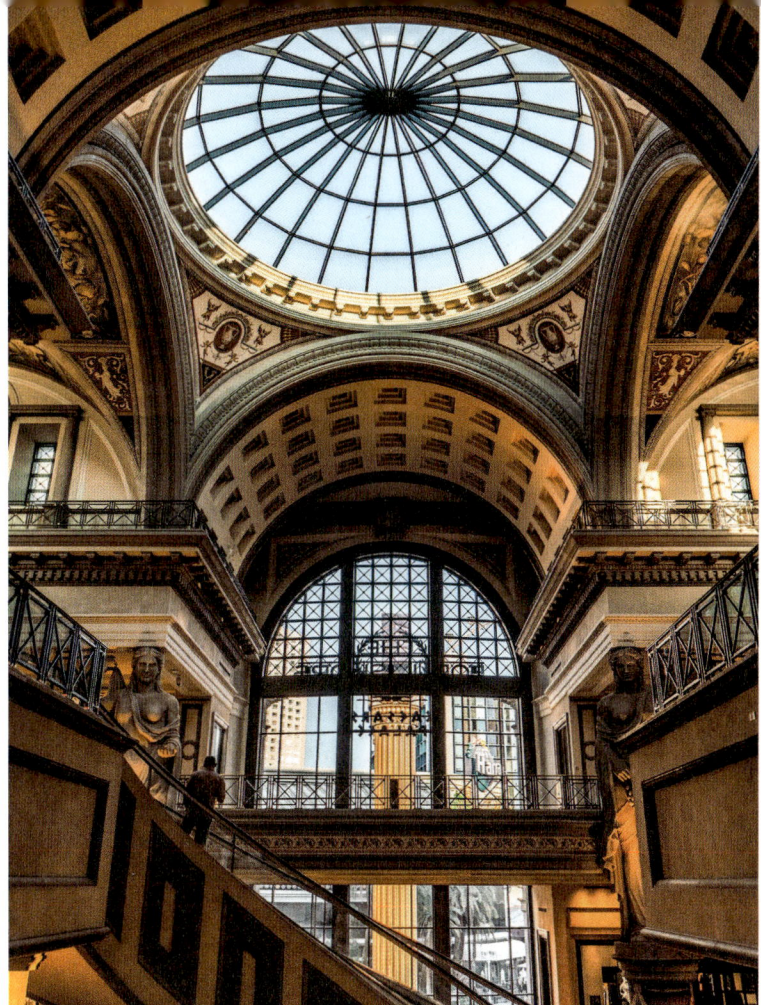

Neorömische Skulpturen und Wandmalereien schmücken das Casino Caesars Palace (oben), dem Arts District geben Graffiti seinen Charakter

der Milliardär den Verkehr unter Las Vegas hindurchleiten will. Das könne nichts mehr toppen, dachte er, die gigantische Formel-1-Strecke aber habe die Tunnel vom Thron gestoßen. „So etwas wird es nie wieder geben, das ist einmalig." Nirgendwo kann der amerikanische Traum schneller wahr werden als hier in Las Vegas.

Und hier in der Wüste gibt es besonders viele Versionen dieses Traums. Die Hotels, deren Casinos mit ihren Jackpots nur eine Variante versprechen, haben sich zum Paradies für Foodies gemausert. Ihre Eingangspforten sind wie Schranktüren nach Narnia: Dahinter finden sich nicht nur Slot-Maschinen, sondern Gänge mit Edelboutiquen und Spitzenrestaurants, die so endlos scheinen, dass man sich irgendwann fragt: Ist das hier noch Vegas? Alleine im Resort „The Venetian" sind rund vierzig Restaurants zu Hause. Wer sich da zurechtfinden möchte, braucht einen Guide wie Paul Duncan von den „Lip Smacking Foodie Tours". Duncan ist ein angehender

Sommelier aus Kalifornien, den die Liebe zum Essen nach Las Vegas verschlug. „Ich will in den besten Restaurants der Welt essen und arbeiten, das kann ich hier tun." Viele der Restaurants, erzählt er, dienten als Sprungbrett für künftige Spitzenköche. „Die Gastro-Szene ist ein Knotenpunkt."

Duncan führt zuerst in die japanisch-brasilianische Koproduktion „Sushisamba", dessen Bar von künstlichem Herbstlaub überdacht wird. Auf den Tisch kommen Tacos und Tempura, dazu Teigtaschen mit Wagyu. Weiter gehts ins „Milos", das Duncan als „das beste griechische Restaurant der Welt" anpreist, und dem mag man nach Genuss des gebratenen Tintenfischs nicht widersprechen. Das Finale steigt im „Jardin", laut Guide „bekannt für seinen Indoor-Garten und seine saisonalen Desserts". Auf dem Tisch findet sich eine Kreuzung aus beiden: ein saftiger Schokoladenkuchen in Form eines Blumentopfs, der bei der Netflix-Kultserie „Is it cake?" garantiert gewonnen hätte.

Wenn eine Stadt wie geschaffen ist für den Rennzirkus der Formel 1, dann Las Vegas. Das Herz der Strecke: das mit dem F1-Logo verzierte Pit-Gebäude, vor dem die Boxenstopps stattfinden

Dass der Schein manchmal trügt, gehört auch zum Konzept des Omega Mart. Auf den ersten Blick wirkt er wie ein relativ handelsüblicher Supermarkt, bis man auf seinen Regalen sonderbare Produkte entdeckt. In Dosen abgefüllte Schadenfreude, eine Zahnpasta, die neue Muskeln verspricht, und ein Waschmittel der Marke „Glaubhafte Abstreitbarkeit". Dann öffnet sich eine der Türen zwischen den Regalen, und dahinter liegen noch viel mehr Räume: eine rot erleuchtete Fabrikhalle, eine Wüste mit eigener Videoinstallation, eine geheime Grabstätte. In einem Raum kann man mithilfe von Lasern versteckte Botschaften entschlüsseln, in einem anderen durch den Kamin klettern.

Eine Ausstellung wie ein LSD-Trip

Der Omega Mart ist eine von der Kunstfirma Meow Wolf entworfene *immersive experience*, ein wahr gewordener Fiebertraum, der sich ganz ohne Drogen erleben lässt. Mehr als 300 Künstler haben an dem 2021 eröffneten Komplex mitgearbeitet, erzählt Michael Duffield vom Meow-Wolf-Team. Manche Besucher würden sich stundenlang in den verrückten Räumen verlieren, um die Story zu verstehen, welche den Omega Mart mit den anderen von Meow Wolf entworfenen Orten in Santa Fe und Denver verbindet. „Es ist ein Erlebnis für alle, die nicht unbedingt fürs Glücksspiel kommen, etwas, das man abseits vom Strip machen kann."

Kunst ist neben Kulinarik und Sport der dritte Baustein des Las Vegas der Zukunft. Nördlich vom Strip, im Schatten des Stratosphere Tower, mit rund 350 Metern einer der höchsten frei stehenden Türme der USA, wächst die neue Stadt. Davon ist zumindest Derek Stonebarger überzeugt, ehemaliger Filmemacher und Emmy-Preisträger, heute Besitzer der „Rebar", wo er sich gerade in eine der roten Lederecken fallen lässt. Seine Bar liegt im Arts District, einer Nachbarschaft aus 18 Häuserblocks, geschmückt mit Murals, voller lässiger Lokale und Läden, mit einer NFT Gallery und der Arts Factory, in der etwa zwei Dutzend Künstler ihre Studios haben. In diesem Viertel lässt es Las Vegas zur Abwechslung mal langsam angehen. Die Renaissance der Nachbarschaft begann vor etwa zehn Jahren, als auch Stonebarger seine

Bar eröffnete. „Wir brauchten einen Ort wie diesen", sagt er, „die Leute dachten ja, wir leben in den Casinos." Dabei halten sich die meisten Einheimischen von denen fern. „Der Strip ist wie Disneyland."

Also eröffnete Stonebarger ein Lokal für die Locals. Es ist ein Mix aus Bar und Vintage-Store, alle Kunst an den Wänden steht zum Verkauf, das kitschige Gemälde von Jesus für 20 Dollar genauso wie der Neon-Schriftzug eines Stripclubs. Überall gibt es etwas zu sehen, und mittlerweile schauen nicht mehr nur die Einheimischen, sondern auch neue Gesichter vorbei. „Wir sagen immer: Die coolen Touristen finden uns schon." Dann muss Stonebarger los, er arbeitet bereits am nächsten Projekt: „Arty's Steakhouse", ein Restaurant, in dem die Kunst wieder ersteigert werden kann. Es soll noch 2024 in einem verlassenen, mit dem Auto fünf Minuten entfernten Einkaufszentrum eröffnen.

Das neue Las Vegas, es wächst weiter.

Wie in einer Jukebox sollen sich Gäste dieses Raumes im Omega Mart fühlen (unten). Was auf die Ohren gibt es auch in der „Rebar", einem der beliebtesten Spots im Arts District

Anreise

Lufthansa fliegt ab Frankfurt direkt nach Las Vegas – der Flug dauert knapp zwölf Stunden. Wer ohnehin schon an der US-Westküste unterwegs ist: Für die Autofahrt von Los Angeles durch die Wüste braucht man zwischen vier und fünf Stunden.
www.lufthansa.com

Hotels

Paris Las Vegas Hotel and Casino

Etwa halb so groß wie das Original ist die Replika des Eiffelturms, von der Aussichtsplattform hat man trotzdem einen grandiosen Blick über die Stadt. Fast 3000 Zimmer und Suiten haben Platz in dem daneben stehenden Hotel, das wie viele Unterkünfte am Strip dem Unternehmen Caesars Entertainment gehört. Die Atmosphäre imitiert sehr klischeehaft das französische Savoir-vivre – gepaart mit einem Casino im Erdgeschoss. Der große Pluspunkt des Hotels: seine Lage mittendrin im Getümmel. ●
3655 Las Vegas Blvd. www.caesars.com/paris-las-vegas

Circa Resort and Casino

Manche Hotels haben Pools auf dem Dach, manche in einer unterirdischen Spa-Landschaft – aber nur wenige haben sie vor einem Bildschirm mit einer Diagonale von knapp 44 Metern, über den stets Sportübertragungen flimmern. Das „Circa" hat die in den USA noch einmal beliebteren Sportwetten zu seinem Markenzeichen gemacht. Das „Stadium Swim" ist das Highlight des Hauses, man kann dort genüsslich im Wasser einen Cocktail trinken – und gleichzeitig Wetten platzieren. Das geht aber natürlich auch im hauseigenen Casino. Darüber befinden sich 512 Zimmer und Suiten. ●●
8 Fremont St. www.circalasvegas.com

Restaurants

Jardin

Was den Käsekuchen hier derart cremig macht, bleibt das Geheimnis des Küchenchefs. Unwiderstehlich ist er in jedem Fall, genauso wie viele andere Desserts dieses Restaurants im „Wynn Hotel". Beliebt ist der „Jardin" auch zum Brunch, neben Nachtischen gibt es eine gute Auswahl von Frühstücksklassikern, Salaten und Burgern.
3131 Las Vegas Blvd., www.wynnlasvegas.com/dining

Sushisamba

Am nachgebauten Canal Grande im „The Venetian" liegt dieses Restaurant, das Fusionsküche mit brasilianischen, japanischen und peruanischen Wurzeln bietet. Auf den Tisch kommt genauso Sushi, Ceviche wie Churrasco. Zu empfehlen: die Wagyu Beef Gyoza.
3327 Las Vegas Blvd. www.sushisamba.com

Die Heimat des nächsten Super Bowl: das Allegiant Stadium der Las Vegas Raiders

Bars

The Golden Tiki

Wie ein Stück altes Las Vegas fühlt sich diese Bar in Chinatown an. Auch Einheimische verirren sich gerne hierher, die Deko erinnert an ein extrem kitschiges Tropenparadies, zu den Klassikern unter den Cocktails gehören der „Painkiller" und der „Mai Tai", von dem hier 2022 ein mehr als 300 Liter großes Exemplar gemixt wurde – Weltrekord.
3939 Spring Mountain Rd. www.thegoldentiki.com

Rebar

Mit Bierkrügen zum Verkaufen und Bratwürsten zum Verzehren fing es 2016 bescheiden an, heute ist die Bar ein extrem beliebter Hangout im Arts District. Von den Craft-Bieren sollte man das „Atomic Duck" probieren – schon wegen seiner grellen Dose.
1225 Main St. www.rebarlv.com

Kultur

Meow Wolf Omega Mart

Die absolut abgefahrenen Räume dieser Kunst-Erlebniswelt werden durch eine mysteriöse Story verbunden – aber auch wenn man die nicht entschlüsselt, sind sie ein Genuss. Gestaltet haben den Komplex vorwiegend lokale Künstler, und das mit viel Liebe und Humor. Man schaue sich nur mal die Motivationsposter im falschen Firmensitz über dem Supermarkt an, den Sprüche zieren wie: „Verantwortung – es ist nur dein Problem, bis es das von jemand anderem ist". Nach dem Rundgang sollte man sich, wenn man es findet, in dem versteckten Speakeasy einen Drink gönnen.
3215 Rancho Dr. www.meowwolf.com

Sphere

Die Veranstaltungshalle der Superlative hört offiziell auf den wenig geschmeidigen Namen „Sphere at the Venetian Resort". Hinter dem Mammutprojekt steht der Eigentümer des Madison Square Garden in New York, eingeweiht wurde die Kugel im September 2023 mit einem Konzert von U2, die im Januar und Februar 2024 für elf Shows zurückkehren. Ebenfalls im Programm

Tropische Deko und Drinks im Totenkopf samt Schirmchen: die Bar „The Golden Tiki"

◐ Von Merian getestet (s. S. 3)

lief zu Beginn die Dokumentation „Postcard from Earth" des Oscar-nominierten Regisseurs Darren Aronofsky.

255 Sands Ave.
www.thespherevegas.com

Erleben

Lip Smacking Foodie Tours

Sieben Jahre in Folge wurden diese Kulinarik-Touren vom *Las Vegas Review-Journal* als beste der Stadt ausgezeichnet. Sie sind eine vortreffliche Möglichkeit, verschiedene kulinarische Ecken von Las Vegas zu entdecken – die Foodie-Touren führen durch den Arts District, durch Downtown und natürlich auch rund um den Strip. Egal, welche man bucht: In jedem der bis zu vier Restaurants pro Tour werden drei bis vier kleine Gerichte serviert, sodass man am Ende garantiert keinen Hunger mehr hat.

www.lipsmackingfoodie-tours.com

Super Bowl

Erstmals findet das NFL-Finale in Las Vegas statt. Der genaue Termin: Sonntag, 11. Februar 2024. Auch wenn nur die Hälfte von ihnen Tickets für das Stadion hat, werden für das Wochenende in der Stadt rund 125 000 Football-Fans erwartet. Denn der Trip nach Las Vegas lohnt sich auch ohne Eintrittskarte, selbst in den kommenden Jahren, wenn das Spiel nicht hier ausgetragen wird. Das Super-Bowl-Wochenende ist in Vegas, Amerikas Hotspot für Sportwetten, eines der geschäftigsten und vollsten des Jahres.

Allegiant Stadium
www.allegiantstadium.com

Formel 1

Bis 2025 werden auf jeden Fall Rennen in Las Vegas stattfinden, aber aller Wahrscheinlichkeit nach wird der Vertrag noch viele Jahre länger laufen. Das Besondere: Anders als die Stadtkurse in Monaco oder Singapur wird die Strecke, die über den Strip führt, auch am Rennwochenende nach Austragen des Trainings oder Qualifyings wieder für den Verkehr geöffnet – und man kann sich selbst am Steuer ein wenig wie ein Rennfahrer fühlen.

www.f1lasvegasgp.com

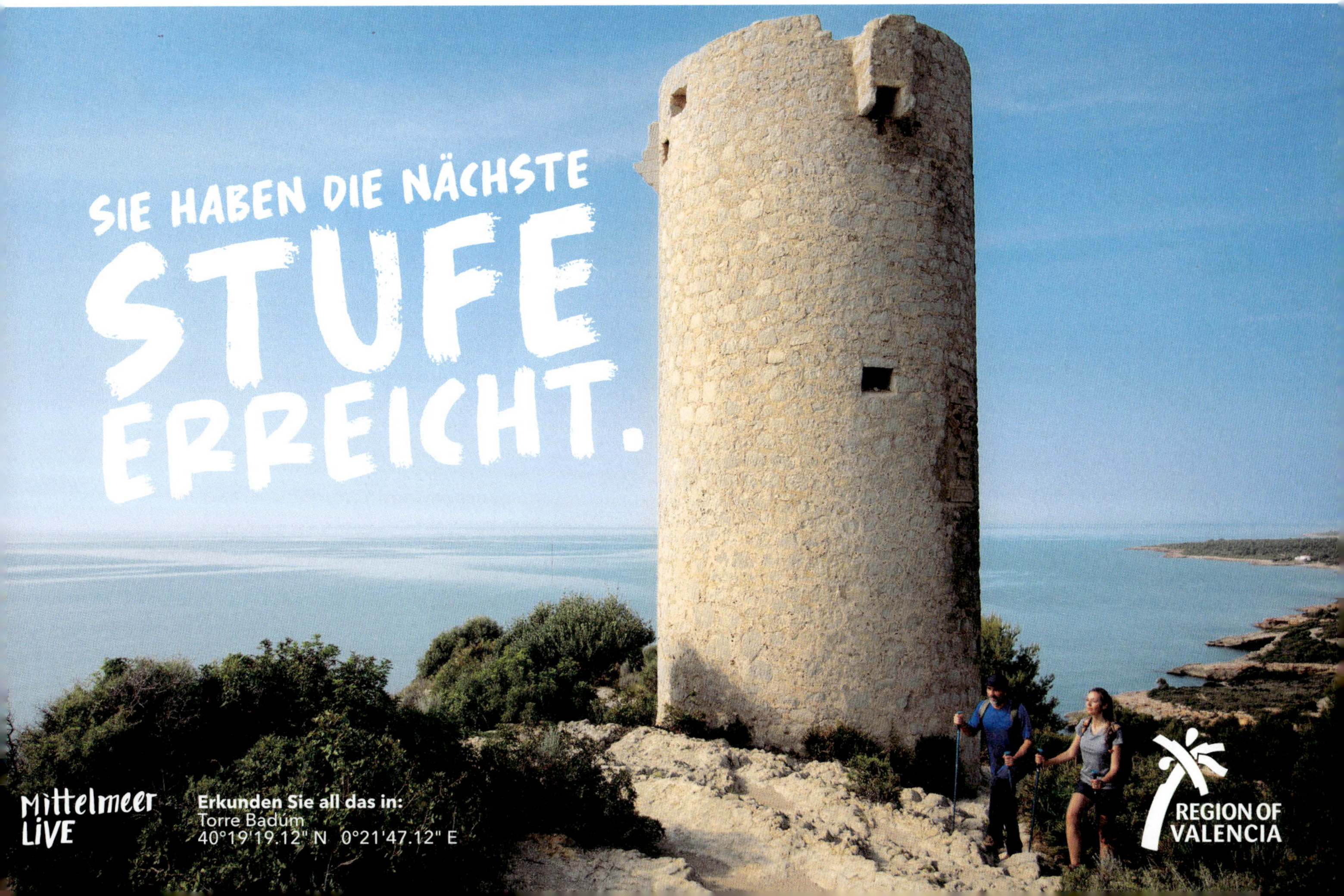

Herbstlaub über der Bar, Hochgenuss auf dem Tisch: das Restaurant „Sushisamba"

2
OMAN

Wüste, Berge, Meer

Der Oman ist so vielfältig wie kaum ein anderes Land auf der
Arabischen Halbinsel. MERIAN-Fotografin Monica Gumm
über Landschaften und Alltagserlebnisse, die sie sehr berührt haben

FOTOS: MONICA GUMM

Spuren der Kamele und ihrer Führer
schlängeln sich durch die Dünen
von Rimal Al Wahiba (Wahiba Sands)
im Osten des Landes

Das Dorf Al Hamra ist aus Lehmziegeln gebaut

Einer der kuriosesten Orte im Oman ist eine vierspurige Straße mitten im Niemandsland mit hübsch verzierten Laternen, die aussehen, als hätte man sie von einem Pariser Prachtboulevard hierher versetzt. Sie beugen sich über den Asphalt – auf dem keine Menschenseele zu sehen ist. Straße und Beleuchtung wirken so neu, als wäre dieser Highway bei Salalah gestern erst eröffnet worden. Für mich zeigt dieser Ort, dass dieses Land, das lange Zeit wie im Dornröschenschlaf lag, jetzt große Pläne für seine Zukunft hat.

Trotzdem ist der Oman für mich das authentischste Land auf der ganzen Arabischen Halbinsel. Die Menschen dort haben es, vor allem durch den 2020 verstorbenen Sultan Qaboos Ben Said Al-Said, geschafft, sich ihren eigenen Lebensstil zu bewahren und zugleich mit der Zeit zu gehen. Es gibt inzwischen einige touristische Angebote, aber nicht diese Reizüberflutung durch den überbordenden Glitzer und Rekord-Wolkenkratzer, wie man sie von Dubai und Saudi-Arabien kennt. Beeindruckende Architektur hat der Oman aber durchaus, die Sultan-Qaboos-Moschee in der Hauptstadt Maskat zum Beispiel. Die Architektur ist modern und traditionell zugleich. Von außen wirkt das weiße Gebäude vergleichsweise zurückhaltend, innen hängt ein mehrere Tonnen schwerer Leuchter mit

Swarovski-Kristallen, und an einem der persischen Teppiche, 4200 Quadratmeter groß, haben 600 Frauen rund vier Jahre lang gewebt. Außer der Moschee empfehle ich, in der Hauptstadt die Oper zu besichtigen, in die hochkarätige Künstlerinnen und Künstler eingeladen werden. Auch dort wirkt das Äußere eher schlicht – aber innen! Wer das Gebäude betritt, ist quasi umfangen von Opulenz!

Ausguck mit Glasboden am Canyon

Nach einem oder zwei Tagen in Maskat lohnt sich eine Tour ins rund 150 Kilometer entfernte Nizwa am Rande des Hadschar-Gebirges. Mittendrin, eine Autostunde entfernt, befindet sich das „Anantara Al Jabal Al Akhdar", eines der luxuriösesten Resorts des Landes. Wer sich eine der Cliff-Pool-Villen leisten kann, badet in einem Becken, das an einen Canyon gebaut wurde. In der Nähe liegt der hoteleigene Klettersteig, auf dem Gäste mit Guide am Canyon entlangklettern können. Etwas weniger Nervenkitzel erlebt man auf dem zum Hotel gehörenden Aussichtspunkt, der Prinzessin Diana gewidmet ist. Er hat einen Glasboden, die Aussicht ist spektakulär.

Den kleinen Ort Nizwa sollte man an einem Freitag besuchen, wenn der Viehmarkt stattfindet. Der Souk nebenan ist auch unter der Woche geöffnet, aber der Markt, zu dem die Bauern aus der Region ihre Ziegen, Schafe ➤

und Kamele auf Pick-up-Trucks herschaffen, ist schon etwas Besonderes: Wie auf einem Laufsteg führen die Bauern ihre Tiere an Leinen durch eine schmale Gasse. Die Käufer bilden am Rand ein Spalier und prüfen Zähne, Augen und Fell, dann wird um den Preis gefeilscht. Wer gern fotografiert, sollte früh aufstehen, bevor der Viehverkauf gegen acht Uhr beginnt, liegen noch Berge von Melonen an den Ständen der Händler, danach ist oft schon alles ausverkauft. Der Souk nebenan hat nicht diese 1001-Nacht-Atmosphäre, wie man es von Marrakesch kennt. Aber dafür ist er auch nicht so touristisch, die Einheimischen kaufen dort wirklich, was sie im Alltag brauchen: Datteln, Schuhe, iPhone-Hüllen. Außer Datteln, Keramik, Silberringen, die dort nur die Männer tragen, und Weihrauch gibt es nicht allzu viele Produkte, die sich als Mitbringsel eignen, im Oman wird relativ wenig produziert. Ein Krummdolch vielleicht noch, er gehört zur Tracht der Omaner.

Diese Tracht begegnet Besuchern beispielsweise auf der Festung von Nizwa, wo gezeigt wird, wie die Menschen hier früher gelebt haben. Frauen backen das für die Region typische Brot und rösten Kaffee, manchmal kann man auch einem traditionellen Säbeltanz zuschauen. Sehenswert ist auch das schön restaurierte Bahla Fort, es zählt zum UNESCO-Weltkulturerbe und ist eine halbe Stunde Autofahrt von Nizwa entfernt.

In den Bergen des Jebel-Al-Akhdar-Gebirges, das in der Mitte des s-förmigen Hadschar-Gebirges im Osten der Arabischen Halbinsel liegt, stehen auch verlassene Dörfer mit Lehmhäusern, eines ist 400 Jahre alt. Dort funktioniert noch heute das typische Aflaj-Bewässerungssystem. Durch rinnenartige Leitungen fließt das Wasser in die umliegenden Dattelpalmenplantagen. Auch das Museum Bait Al Safah in Al Hamra ist so ein historisches Lehmhaus. Es war einst Verwaltungsgebäude eines Sultans und wurde von den Nachkommen als Museum der Öffentlichkeit zugänglich gemacht. Und es gibt einen guten Eindruck von der Lebensweise in jener Zeit. ➤

300 000 Tonnen indischer Sandstein wurden für die Sultan-Qaboos-Moschee verbaut. Innen zeigt sich ihre Opulenz

Ein Bad im Felsenpool
von Wadi Shab
südöstlich von Maskat.
Wadis sind Flusstäler,
nur wenige führen
ganzjährig Wasser

Wolken verfangen
sich in den Bergen
des Jebel-Al-Akhdar-
Gebirges

In Bergdörfern sind schon vor Jahrhunderten
durch Bewässerung grüne Oasen entstanden

In der Wüste liegen sehr schöne Camps, wer dort übernachtet, blickt in einen unglaublichen Sternenhimmel und kann die Stille dieser Landschaft genießen. Danach ist der Süden des Omans noch unbedingt sehenswert. Um Salalah nahe der Grenze zum Jemen eröffnen sich plötzlich knallweiße Traumstrände mit Palmen – wobei es hier kein wirkliches Strandleben wie am Mittelmeer oder in der Karibik gibt. Geschwommen wird im Oman eher an den Hotelstränden, selten in der Natur. Zum Schwimmen sind aber die Felsenpools in den Canyons weiter nordöstlich toll, etwa Wadi Shab oder Wadi Bani Khalid. Aber zurück nach Salalah: Die

Küste ist gerade wegen des fehlenden Strandtrubels herrlich. Unterwegs liegen immer wieder Plantagen mit Weihrauchbäumen, für die diese Gegend berühmt ist. Manche dieser Plantagen sind auch zu besichtigen, dort wird erklärt, wie aus dem Harz der Bäume Weihrauch gewonnen wird. Für die Einheimischen ist die größte Attraktion hier der Regen. Wir können uns das kaum vorstellen, aber die Monsunzeit von Juni bis September ist für die Menschen im Oman ein Ereignis, dem sie entgegensehen wie wir dem ersten Schnee. Wasser, das vom Himmel fällt! Ein Geschenk Gottes, das den Süden des Omans in eine grüne Oase verwandelt. ❖

Im Souk von Nizwa kann man Gefäße aus Ton und viele andere Alltagswaren kaufen

Das Hotel „Shangri-La" liegt in der Bucht von Barr Al Jissah in der Nähe von Maskat

Alle Oman-Tipps auf einer kuratierten Karte bei Google Maps

OMAN

Anreise

Direktflüge, zum Beispiel von Frankfurt nach Maskat, bieten etwa Lufthansa und Oman Air an. Reisende benötigen ein E-Visum, wenn sie länger als 14 Tage bleiben.
www.lufthansa.de
www.omanair.com
https://evisa.rop.gov.om

Reisezeit

Am angenehmsten ist es zwischen September und April. Im September kann es im Süden des Landes

noch regnen, dafür ist alles grün.

Unterkunft

Shangri-La Barr Al Jissah
Das Fünf-Sterne-Haus gehört zu einem Resort mit zwei Hotels, beide nah beieinander, und liegt etwa 30 Minuten Fahrt außerhalb des Zentrums von Maskat. Das „Al Bandar" mit 198 Zimmern und Suiten ist noch ein wenig luxuriöser als das – ebenfalls sehr gute – Familienhotel nebenan. Es hat eine

private Bucht für seine Gäste und bietet diverse Touren nach Maskat und in die Umgebung an.
Maskat, Al Jissah Street 100, www.shangri-la.com

Anantara Al Jabal Al Akhdar
Das Hotel liegt in den Bergen des Al-Akhdar-Gebirges, das zum Hadschar-Gebirge gehört. Der Service lässt keine Wünsche offen. Angeboten werden Touren, etwa in die verlassenen Dörfer der Umgebung oder zum „Grand Canyon" des Oman, den Jabal Sham.
Nizwa, Al Jabal Al Akhdar 110, www.anantara.com

Magic Camps
Zu den geschmackvoll eingerichteten Zelten in den Wahiba Sands gehört jeweils ein eigenes Bad. Andere Gäste trifft man in den Gemeinschaftszelten, wo auch gegessen wird. Möglich ist auch der Aufbau eines privaten Camps an einem Ort nach Wahl. Tipp: Wer einen Kamelritt bucht, sollte am besten früh aufstehen, dann ist das Licht noch unfassbar schön, und die Wüste erscheint statt sandfarben rosa und orange. Auch Yoga

bei Sonnenauf- oder -untergang sowie Sterngucker-Sessions bietet das Camp.
Wahiba Sands www.magic-camps.com

Kultur

Sultan-Qaboos-Moschee
Schon der polierte Boden aus Marmor vor dem Gebäude, der die Moschee wie ein Spiegel reflektiert, beeindruckt. Außer freitags dürfen auch Nicht-Muslime und Frauen das Gotteshaus vormittags besichtigen. Männer wie Frauen müssen Kleidung tragen, die Arme und Beine bis zu den Knöcheln bedeckt, was auch außerhalb der Gotteshäuser oft als korrekt gilt. Für Frauen ist zudem ein Kopftuch vorgeschrieben.
Maskat, Sultan-Qaboos-Street, www.sultanqaboos-grandmosque.com

Royal Opera House
Sultan Qaboos, der das Haus als eines der ersten am Golf errichten ließ, galt als Opernfan. Nebenan kann man in der Opera Galleria Kunsthandwerk kaufen.
Maskat, Al Kharjiyah Street www.rohmuscat.org.om

Kaum eine Menschenseele weit und breit: Die Strände im Süden sind zuckerweiß und oft herrlich ruhig

»Ich hätte das nicht für möglich gehalten, aber ja: Paris hat sich neu erfunden«

Alexander Oetker, Journalist und Schriftsteller, hat sechs Jahre lang als Korrespondent in Paris gelebt. Er kommt oft zurück, aber manchmal erkennt er seine alte Liebe nicht wieder

INTERVIEW: TINKA DIPPEL

MERIAN *Sie waren von 2008 bis 2014 als Korrespondent in Paris. Ist die Stadt heute eine andere?*

ALEXANDER OETKER Die letzten 15 Jahre waren für ganz Frankreich einschneidend, und Paris ist eine Blaupause für das, was sich verändert hat. Als ich dort gelebt habe, war es eine raue Stadt, ein Moloch, es gab viel zu viele Autos, man konnte manchmal kaum atmen. Und es war das alte Paris mit dieser Überheblichkeit: Paris ist der Nabel der Welt. Das ist es natürlich auch, Paris ist immer noch die Stadt, an der niemand in Frankreich vorbeikommt, der etwas in seinem Leben erreichen will. Aber wenn ich jetzt hinkomme, muss ich mich manchmal umsehen und vergewissern, dass ich wirklich in Paris bin.

Warum das?
Weil alle Leute unglaublich freundlich sind. Und weil sehr viele Pariser jetzt Englisch sprechen.

Woher kommt die Charme-Offensive?
Nach den Terroranschlägen 2015 sind viele Touristen aus Angst weggeblieben, und das ziemlich lange. Denn dann kamen die Gelbwesten, und dann kam Corona. Alle Restaurants, die touristische Eintagsfliegen waren, konnten nicht überleben. Mory Sacko, der berühmte Koch, meint, es gibt eine Besinnung auf guten Service und gute Produkte, auf die alte französische Küche.

Und jenseits der Gastronomie?
Wir Deutschen sind vorsichtig, immer ist irgendwas zu teuer. In

Freundlicher und dem Fluss zugewandter erlebt Alexander Oetker Paris heute. Seine liebsten Genussorte hat er Merian verraten

Paris bauen sie und fragen dann, was es eigentlich kostet. So kann viel entstehen, auch neue Museen, es herrscht eine enorme Aufbruchstimmung.

Kann diese Stadt das gut, sich treu bleiben und sich neu erfinden?
Hätte ich nicht gedacht, ehrlich gesagt. Es ist ja schon ein belebtes Museum mit einem Innenstadtkern, der nicht erweiterbar ist. Aber: Ja, Paris hat sich neu erfunden. Es gibt Politiker, die Städte entwickeln können, so wie Anne Hidalgo, seit 2014 Bürgermeisterin. Wenn Sie früher mit dem Fahrrad durch Paris gefahren sind, sind Sie ganz schnell auf dem Père-Lachaise (Anm. d. Red: dem berühmtesten Friedhof der Stadt) gelandet. Mittlerweile gibt es

autofreie Straßen und Fahrradspuren, und man kann wunderbar mit dem Fahrrad unterwegs sein.

Paris ist also mehr Draußen-Stadt geworden?
Ja, und sie hat sich zum Fluss hin geöffnet! Mit den Stadtstränden, mit Fußwegen, Spielplätzen, Bars, kleinen Cafés. Paris ist unglaublich lebenswert geworden.

Nächstes Jahr kommt Olympia. Wo wird das in der Stadt stattfinden?
Natürlich im Olympischen Dorf, in Saint-Denis oder im Stade de France. Aber die Pariser holen das Event auch mitten in die Stadt, indem sie große Pavillons bauen und jede Fläche, etwa beim Eiffelturm, nutzen. Es wird jede Menge Public Viewing geben. Auch

im Grand Palais wird einiges stattfinden, das bauen sie gerade um. 2023 hat Paris sich mit der Rugby-WM schon mal warmgelaufen, das war ein riesiges Volksfest. Mit dem Nebeneffekt, dass die Hotelpreise extrem gestiegen sind.

Apropos Hotels: Empfehlen Sie uns ein, zwei?
Mein liebstes Hotel ist das „Latour Maubourg" direkt beim Invalidendom. Das ist toll gelegen, wunderschön eingerichtet und vom Preis absolut unschlagbar. Und wenn es etwas ganz Besonderes sein soll: das Hotel „Lutetia", das ist der alte Name von Paris. Dieses Haus ist an Luxus kaum zu überbieten, mit extrem freundlichen und gut ausgebildeten Maîtres und Concierges. ➤

Endlich Fahrradstadt! Entspannt unterwegs, hier an der Nordwestspitze der Île Saint-Louis

Die Rive Gauche, das linke Seine-Ufer, ist ja Ihre Pariser Ecke.
Ja, die Rive Droite ist natürlich auch schön, besonders zum Shoppen. Und da sind die großen Museen. Aber für die Rive Gauche schlägt mein Herz, das ist das alte Paris – das Paris der kleinen Dörfer, die gelebte und wahnsinnig lebenswerte Stadt.

Paris ist ja die perfekte Spazier- und Entdeckerstadt. Straßen spielen dort eine große Rolle. Welche laufen Sie am liebsten entlang?
Den Boulevard Saint-Germain! Und tatsächlich haben sich die Champs-Élysées sehr gemacht. Noch vor 15 Jahren gab es dort immer mehr billige Boutiquen. Mittlerweile ist es eine der schönsten Ecken, auch wieder eine Ausgehmeile mit tollen Restaurants. Und Louis Vuitton baut dort einen riesigen neuen Flagship-Store. Ich mag auch die Rue Saint-Dominique im 7. Arrondissement. Da gibt es viele kleine Geschäfte, den Bäcker und den Fleischer fürs Viertel.

Ihr Lieblingsrestaurant?
Das „La Fontaine de Mars" in der Rue Saint-Dominique. Das ist eine ganz klassische französische Brasserie mit rot-weißen Tischdecken, bunten Lampen, netten Kellnern, tollem Essen aus dem Südwesten Frankreichs. Für mich ist das ein Ort, wo man Frankreich wirklich spüren kann. Und das „Tour d'Argent", das erste Drei-Sterne-Restaurant von Paris. Wenn man sich etwas gönnen möchte, geht man da hoch, blickt auf die Stadt. Das ist ein Ort, der mein Herz sehr laut schlagen lässt.

Sie lieben das Musée d'Orsay. Warum unter all den Museen dieses?
Zum einen weil ich die Impressionisten liebe! Monet macht mich glücklich, in sehr vielen Momenten. Und dann dieser alte Bahnhof. Man kann durch die große Uhr schauen, sieht die Dächer von Paris und in der Ferne Sacré-Coeur. So weit über die Stadt zu blicken, das geht nur von ganz wenigen Orten.

Wenn ich zehn Jahre nicht da gewesen bin, was kann ich Neues entdecken in Paris?
Man kann die schönste Stadt der Welt toll zu Fuß – und jetzt eben auch angstfrei mit dem Fahrrad entdecken. In der Bourse de Commerce stellt François Pinault nun seine Sammlung aus. Und im Bois de Boulogne ist in der Fondation Louis Vuitton tolle Kunst zu sehen. Außerdem gibt es viele neue Läden, Boutiquen, Galerien. Zum Beispiel auf der Rive Gauche, in der Rue de Seine – viele Geschäfte, die es so nur in Paris gibt und nirgendwo sonst auf der Welt.

Noch zwei drei ganz persönliche Tipps von Ihnen?
Ich gehe immer einmal auf die Place Dauphine hinter dem Justizpalast auf der Île de la Cité. Dort kann man sehr gut abschalten in dieser hektischen Stadt. Genau gegenüber steht das Kaufhaus Samaritaine, ein unglaublich schönes Kaufhaus, das den Galeries Lafayette wirklich Konkurrenz macht. Und wenn man mal nicht mehr laufen kann, dann setzt man sich eine Stunde auf ein Boot. Und lässt die Stadt an sich vorbeischweben. ❖

Hotels

Hotel & Spa de Latour Maubourg

Ein Kleinod ist dieses sehr geschmackvoll eingerichtete Hotel mit 17 Zimmern, Spa und Salon. Grandios ist auch die Lage: auf der Rive Gauche, gleich beim Invalidendom.

150 Rue de Grenelle
www.latourmaubourg.com

Hotel Lutetia

Die Pariser Luxusherberge schlechthin befindet sich seit mehr als 100 Jahren in einem Prachtbau im Viertel Saint-Germain-des-Prés. Das Hotel hat 184 Zimmer und Suiten, eine Brasserie, ein Restaurant und zwei Bars.

45 Boulevard Raspail
www.hotellutetia.com

La Fantaisie

2023 neu eröffnet hat dieses Hotel im 9. Arrondissement, das einen selten schönen, begrünten Innenhof umschließt. Es hat 73 Zimmer und Suiten, ein Spa und eine Dachterrasse. Das farbenfrohe und extrem geschmackvolle Design ist ein Werk des Schweden Martin Brudnizki. Mehr zum Restaurant „Golden Poppy" im Haus: S. 38.

24 Rue Cadet
www.lafantaisie.com

Hotel Aurore

Zum Olympia-Jahr bekommt Paris ein Haus der „1 Hotels", die Luxus und Nachhaltigkeit mit spektakulärer Architektur verbinden. Das „Aurore" soll 140 Zimmer und Suiten haben und mit Spa, Restaurant und Café ausgestattet sein. Nachbar und verbunden über einen 28-Meter-Übergang ist ein Hostel mit 179 Betten.

www.1hotels.com

Restaurants

La Fontaine de Mars

Atmosphäre, Essen, Ambiente: Hier stimmt alles. Die traditionelle Pariser Brasserie serviert gehobene französische Küche, etwa Schweinefilet oder Pastete. Im Sommer sitzt man auch draußen auf der Terrasse sehr schön.

129 Rue Saint-Dominique
www.fontaine-de-mars.com

Tour d'Argent

Nach wie vor kreiert Chefkoch Yannick Franques im „Silbernen Turm" seine Gourmet-Menüs. Neu seit Modernisierung und Wiedereröffnung im Sommer 2023: dass man den grandiosen Blick über die Seine auf Notre-Dame nun auch vom Rooftop genießen kann.

15 Quai de la Tournelle
www.tourdargent.com

Bar

Cravan

Die Drinks: mixt Cocktailkünstler Franck Audoux. Das Design: Selten sieht Wohnzimmeratmosphäre so gut aus. Das Erlebnis: vielschichtig, es gibt auch eine Bibliothek und manchmal Open-Air-Kino auf dem Dach.

165 Boulevard Saint-Germain, www.cravanparis.com

Kultur

Fondation Louis Vuitton

Es gibt drei gute Gründe, dieses Museum zu besuchen: das Gebäude von Frank Gehry, das mit seinen segelähnlichen Elementen an ein Schiff erinnert, die Lage im Bois de Boulogne, der grünen Lunge von Paris. Und natürlich die Kunst ab dem 20. Jahrhundert.

8 Av. du Mahatma Gandhi
www.fondationlouisvuitton.fr

Pinault Collection

François Pinault, einer der reichsten Franzosen, besitzt eine der umfangreichsten Sammlungen zeitgenössischer Kunst. Einen Ausschnitt zeigt er seit 2021 in der alten Börse. Zu sehen sind Hochkaräter von Damien Hirst über Jeff Koons bis Andy Warhol, doch der Star des Hauses ist die Architektur mit einer riesigen Rotunde.

2 Rue de Viarmes
www.pinaultcollection.com

Musée d'Orsay

Im einstigen Gare d'Orsay haben die Kunst und ihre Besucher, was rar ist in Paris: viel Platz. Ein besonderer Schatz und einzigartig auf der Welt ist die Sammlung französischer Impressionisten

Espl. V. Giscard d'Estaing
www.musee-orsay.fr

Im „Samaritaine" führt die Freitreppe über fünf Etagen, konstruiert wurde sie von Gustave Eiffel

Wow-Kulisse: Im temporären Eiffelturm-Stadion sind 2024 unter anderem Beachvolleyball-Spiele zu sehen

Erleben

Samaritaine

16 Jahre lang war das 1870 gegründete Luxuskaufhaus direkt an der Seine geschlossen, seit 2021 ist es rundum saniert wieder da. Schon allein das 115 Meter lange Pfauenfresko ganz oben ist einen Besuch wert.

9 Rue de Monnaie
www.dfs.com/fr/samaritaine

Olympische Sommerspiele 2024

Viele Wettkämpfe, auch der Paralympics, werden mitten in der Stadt ausgetragen, sogar direkt zu Füßen des Eiffelturms. Das Grand Palais wird bis zu 8000 Menschen Platz bieten und Austragungsort der Fecht- und Taekwondo-Wettbewerbe sein. Im Eiffelturm-Stadion wird Beachvolleyball und Blindenfußball gespielt

www.paris2024.org

Seine-Bootsfahrt

Bei Tag oder am Abend: Eine Bootsfahrt dauert rund eine Stunde und lohnt sich sehr.

www.seine-river-cruises.com

Vélib'

Per Kreditkarte am Automaten Fahrrad ausleihen und direkt losradeln!

www.velib-metropole.fr

Mit Alexander Oetker Paris kennenlernen und viele Ecken entdecken: in „Nice to meet you, Paris!". Polyglott, 2023, 192 Seiten

FOTOS: NATALIE KRIWY, JARED CHULSKI, PARIS 2024

4

MÜNCHEN

Die Frühlingskollektion 2023 von Viktor&Rolf, in Szene gesetzt von Ellen von Unwerth

Feinste Blockbuster

Ist Mode Kunst? Bildgewaltig ist die Antwort der Kunsthalle mit ihrer Schau „Viktor&Rolf. Fashion Statements". Wird sie hingehen? Für Tinka Dippel keine Frage

Ich habe so meine Ritualhandlungen, wenn ich meine Heimatstadt München besuche, und ja, die haben viel mit Wirtshäusern und Biergärten zu tun. Aber auch mit der Kunsthalle. Ich nehme mir immer mindestens zwei Stunden, am liebsten alleine, und gehe rein – egal, was läuft. Das ist wie bei einem Kino, das immer gute Blockbuster zeigt. Gar nicht lang einlesen, einfach eintauchen!

Enttäuscht worden bin ich noch nie, überrascht worden oft. Denn sie fassen den Kunstbegriff dort schön weit, das beweist die Schau, die ab Ende Februar zu sehen sein wird: „Viktor&Rolf. Fashion Statements". Die beiden Niederländer Viktor Horsting und Rolf Snoeren machen seit über

30 Jahren Mode, und genauso lang sind sie an der Grenze zwischen Kunst und Mode unterwegs – besser gesagt: zeigt ihr Werk, dass diese Grenze in manchen Köpfen existieren mag, in ihren aber nicht. Gleichgesinnte, die diese Werke tragen, sind zum Beispiel Tilda Swinton und Lady Gaga.

Diese Retrospektive wird die erste in Deutschland sein, die ihr Werk so umfassend zeigt: mit rund 100 Kreationen, dazu Skizzen, Puppen und Videos. Mehr muss ich vorab gar nicht wissen, ich freue mich darauf, einzutauchen. Und auf den Blick von der Kunsthalle in die Fünf Höfe, wo ich zum Abschluss dieser Moden-Schau einen „Emporio Spritz" im „Emporio Armani Caffè" trinke.

Theatinerstr. 8
www.kunsthalle-muc.de

Hotel

Rosewood
Direkt hinter den Fünf Höfen hat im Oktober 2023 die Münchner Version der Luxushotel-Familie „Rosewood" eröffnet: siehe S. 31.

Restaurants

Jan
Jan Hartwig ist unter Feinschmeckern so bekannt, dass sein Name für sich steht. Der 41-Jährige war Küchenchef im „Atelier" des „Bayerischen Hofs", erkochte sich bereits dort drei Sterne. Die schmücken nun auch sein eigenes, 2022 eröffnetes Restaurant gleich beim Königsplatz. Schlichtschöner Gastraum mit bis zu 40 Plätzen, ganz große Kochkunst!

●●●●●
Luisenstr. 27
www.jan-hartwig.com

Mural
Das Restaurant mit Betonboden und grob verputzten Wänden befindet sich in einem ehemaligen Umspannwerk, so wie auch das MUCA (Museum of Urban and Contemporary Art). Das junge Team kreiert überraschende Menüs, inzwischen auch in komplett veganer Variante.

Sehr gute Weinkarte mit 1100 Positionen.
Hotterstr. 12
www.muralrestaurant.de

Schneider Bräuhaus
Ein schön traditionelles Wirtshaus mit großen Holztischen mitten in der Stadt. Spezialität ist die traditionelle Kronfleischküche, heute auch unter „nose to tail" bekannt. Sehr gute Auswahl an Bier-Spezialitäten.

Tal 7, www.schneider-brauhaus.de

Bar

Ory Bar
Ein selten schöner Ort für einen richtig guten Drink. Diese Bar befindet sich seit 2018 im Hotel „Mandarin Oriental" und lässt, was Cocktails, Champagner, Whisky, Rum angeht, keine Wünsche offen.

Neuturmstr. 1
https://ory.bar

Kultur

Staatsoper
Münchens große Bühne für Oper, Ballett und künstlerische Überraschungen – vor allem während der Opernfestspiele, die im Juni und Juli stattfinden und auch in weitere Spielstätten ausstrahlen.

Max-Joseph-Platz 2
www.staatsoper.de

Signature-Tellersülze im Restaurant „Jan"

ELLEN VON UNWERTH ANA JORGE & TANYA MADISSON (PARIS), 2023, HAUTE COUTURE COLLECTION LATE STAGE CAPITALISM WALTZ, SPRING 2023 © ELLEN VON UNWERTH; CHRISTINA KÖRTE, PIETER D'HOOP · WWW.PDSIGN.BE

● ◑ ○ Von „Der Feinschmecker" getestet (s. S. 3)

Hotels

Caro Hotel

Das Boutiquehotel liegt gleich beim Túria Park, es befindet sich im einstigen Palast des Marqués de Caro. Die 26 Zimmer sind so edel gestaltet und luxuriös ausgestattet wie das ganze Haus. Im Gourmet-Restaurant „Alma del Temple" sind Teile der alten arabischen Stadtmauer zu sehen.
Restaurant: ●●
Carrer de l'Almirall 14
www.carohotel.com

Only you

Mitten im Zentrum liegt dieses szenige Hotel, dessen 191 elegante Zimmer und Suiten sich auf acht Etagen verteilen. Im 9. Stockwerk: „El Mirador", ein Bistro mit tollem Blick! Quasi gegenüber: das schöne, geräumige „Federal Café".
Hotel: Pl. de Rodrigo Botet 5
www.onlyyouhotels.com
Café: www.federalcafe.es

Restaurants

Ricard Camarena

Das Restaurant mit Industrieflair trägt zwei Michelin-Sterne und einen Stern für Nachhaltigkeit. Der valencianische Kochstar arbeitet hier vor allem mit Zutaten aus der Region um Valencia. Tipp: Wer seine Kochkunst eher casual erleben möchte, setze sich in die „Central Bar by Ricard Camarena" auf dem Mercat Central. Diese Markthalle ist optisch wie atmosphärisch eine Wucht, am besten gleich frühmorgens hingehen!
●●●●
Av. de Burjassot 54
www.ricardcamarena-restaurant.com

Riff

Bernd Knöller kommt eigentlich aus dem Schwarzwald, gilt nach rund 30 Jahren in seiner geliebten Wahlheimat aber durchaus als Valenciano. Auch er schöpft aus den Gärten und von den Märkten und Weinbergen der Region. Sein Restaurant liegt im schönen Viertel L'Eixample, unweit des auch sehr erlebenswerten Mercat de Colón.
●●●
Carrer del Comte d'Altea 18
www.restaurante-riff.com

Valencias Genuss-Halle: der Mercat Central

Im Süden des Túria Parks: die Oper des Architekten Santiago Calatrava

5
VALENCIA

Eine Stadt sieht grün

Ein City-Trip-Favorit ist Valencia schon länger. 2024 wird die Spanierin auch noch Europas Hauptstadt – wenn es um Nachhaltigkeit und Naturnähe geht

Als der Altstadt ein grüner Saum wuchs, veränderte das Valencia. Und letztlich verdankt die Stadt diesem gigantischen Grünstreifen namens Túria Park die Auszeichnung der EU-Kommission als Grüne Hauptstadt Europas 2024. Túria, das ist der Fluss, den die Stadt vor vielen Jahrzehnten in den Süden der Stadt umgelenkt hat. Sein ehemaliges Bett, das unter dem Diktator Franco als Autobahn geplant war, wurde dank des starken Willens vieler Valencianer ein Park, den sie heute noch Túria oder *el río* nennen. Und ein Game-Changer.

Es gibt viele weitere große Grünflächen in Valencia, aber der Túria Park hat viel mit dem Charakter der Stadt, ihrer Luft- und Lebensqualität gemacht. Er ist rund neun Kilometer lang und führt unter Brücken hindurch vom Nordwesten in den Südosten der Stadt. Jogger und Radfahrer sind dort zu jeder Tages- und Nachtzeit unterwegs. Und jetzt, wo die Stadt einmal in Bewegung ist, tut sich in vielen Bereichen eine Menge. 2022 war Valencia Design-Welthauptstadt, ihre Food-Szene ist enorm vielseitig und innovativ, die Street-Art-Szene ebenso. Sie hat sich auch ihrer Meerseite zugewandt: den Poblats Marítims, einstigen Fischerdörfern mit breitem Sandstrand, und der Albufera, einem Naturpark in ihrem Süden.

Und Valencia hat noch viel vor: 2030 klimaneutral zu sein etwa. Erst mal aber feiert die Stadt 2024 ihre Auszeichnung mit vielen Events und einem vielseitigen Programm. TINKA DIPPEL

Mehr zum Programm unter
www.visitvalencia.com

Dream-Team: Es kann kein Zufall sein, dass das Kap Kamenjak das Wort Kajak schon in sich trägt. Oben der Leuchtturm Porer

Wo Nistra gräbt, da liegt auch was. Die gut gelaunte Hündin gehört zur Rasse Lagotto Romagnolo, sie sieht aus wie ein etwas gedrungener Pudel, und ihr helles Lockenfell ist komplett eingesaut, denn Nistra hat wieder etwas gefunden und wühlt aufgeregt im Waldboden. „Wenn es die Mühe nicht wert ist, dann gräbt Nistra auch nicht", sagt Armin Hadžić. Er ist einer der Trüffeljäger bei dem Familienunternehmen Karlić in Buzet, in den bewaldeten Bergen im Norden Istriens. Jetzt läuft er schnell zu Nistra, denn ihre Nase ist zwar exzellent, aber bei der Impulskontrolle hapert es ein bisschen – wenn er ihr den Trüffel nicht sofort wegnimmt, isst sie ihn selbst. Armin ist schnell genug, er kommt mit einem Trüffel zurück, der so groß ist wie eine größere Kirsche, schwarz, schrumpelig und etwa fünf Euro wert. Es sind solche schwarzen Trüffel, die in den hügeligen Landschaften Istriens gedeihen. Die wertvolleren weißen findet man im Boden von Ebenen und Tälern. Sucht man nicht eigentlich mit Schweinen nach Trüffeln? „Nein, das sieht man vielleicht mal in französischen Dokumentarfilmen", sagt Armin. „Wir halten in Istrien auch Schweine, aber die haben keine Zeit für so was. Wir machen ja auch Prosciutto, wissen Sie."

Die italienische Note

Der italienische *prosciutto*, also luftgetrockneter Rohschinken, heißt im Sprachraum des früheren Jugoslawiens *pršut*, das Italienische sickert seit Jahrhunderten in die Sprache ein und formt sie bis heute. Obwohl die Halbinsel an der Adria nur auf einem schmalen Streifen an Italien grenzt, sind die Jahrhunderte der kulturellen Prägung durch das Nachbarland deutlich spürbar. Die Römer siedelten sich ab dem 2. Jahrhundert v. Chr. hier an, nach wechselnden Besatzungen war Istrien vom Ende des 13. Jahrhunderts bis 1797 in großen Teilen fast durchgehend unter venezianischer Herrschaft. Im 19. und 20. Jahrhundert gehörte die Region lange Zeit der österreichischen Machtsphäre an, bevor sie von 1919 bis Ende des Zweiten Weltkriegs wieder ein Teil Italiens war. Noch heute sprechen viele Menschen in Istrien zu ➤

FOTOS: DEN BELITSKY/ADOBE STOCK, A.R.T. SALZBURG, FRANK HEUER/A.R.T. SALZBURG

Höhenflug an der Adria

Duftende Trüffel, bester Wein, dazu noch Hotels
mit Stil und Charakter: Die Halbinsel Istrien
entwickelt sich zu einem Genussziel ersten Ranges

VON BURKHARD MARIA ZIMMERMANN

Gut in Schwung:
die istrische Küste
südlich von Pula
aus der Luft

Feine Adressen: Im Hotel „San Canzian" ist Küchenchef Pavo Klarić am Werk, zum „Meneghetti Wine Hotel" gehört eine lauschige Terrasse (unten)

Hause Italienisch und in der Öffentlichkeit eher Kroatisch, und das istrische Kroatisch hat oft eine italienische Melodie und Dynamik.

Auch Marina Visintin vom Weingut Veralda hat diese italienische Note in der Sprache, man hört sie in ihrem Englisch und in ihrem Kroatisch, etwa, wenn sie das Gespräch kurz unterbricht, um bei einem Kellner einen Kaffee zu bestellen. Der Weg zu Veralda führt rund eine Autostunde von Buzet nach Westen, vorbei am blaugrünen Butoniga-Stausee, durch Serpentinen die Berge hinauf und hinab, im Sommer drängen sich Trauben von Radfahrern mit Rennrädern auf den Straßen.

„Unser Weingut liegt etwa sieben Kilometer vom Meer entfernt auf einer Höhe von 150 Metern", sagt Visintin. „Der Boden ist hell, denn er enthält viel Kalk und Lehm, und die Lage ist sehr sonnig." Den Weinen bekommt diese Kombination sehr gut, verarbeitet werden die wichtigsten Trauben der Region, vor allem die weiße Malvazija und die roten Variationen Teran und Refosco – alle Weine sind charakterstark mit präsenter Säure, auch die Weißweine wirken als Begleitung zum Essen harmonisch, aber durchsetzungsfreudig. Die Kundinnen und Kunden schätzen es: Das Weingut besteht seit 1938, auf 26 Hektar produziert es 10 verschiedene Sorten. Rund 150 000 Flaschen werden jedes Jahr abgefüllt, ein großer Teil davon wird in den Restaurants und Hotels der Umgebung getrunken.

Ob wohl in den siebziger Jahren Weine von Veralda in den Brijuni-Nationalpark gefahren wurden, auf dass sie bei eleganten Abendessen über die Geschmacksknospen berühmter Staatsgäste perlten? Vor der Ortschaft Fažana erstreckt er sich über eine Gruppe aus zwei großen und zwölf kleinen Inseln, bedeckt von Wiesen und Wäldern. Stündlich fährt eine Fähre vom Festland zur größten der Inseln. Auf ihr liegen die wichtigsten Attraktionen, darunter versteinerte Fußabdrücke von Dinosauriern, etwa 120 Millionen Jahre alt. Aber die eigentliche Strahlkraft des Archipels gründet auf Besucherinnen und Besuchern mit wahrscheinlich ziemlich elegantem Schuhwerk: Josip Broz Tito war von 1945 bis 1980 der Präsident des damaligen Jugoslawiens, er verbrachte ab 1947

Der Legende nach inspirierte die Schönheit seiner Geliebten Kaiser Vespasian zum Ausbau der Arena von Pula

jedes Jahr etwa vier Monate auf den Brijuni-Inseln – und liebte es, in seiner Villa glamourösen Besuch aus der ganzen Welt zu empfangen. Ein Museum erzählt heute von den Jahren Titos auf „seinen" Inseln, eine Bildergalerie zeigt ihn mit der Queen, Walter Ulbricht, Willy Brandt und Muammar al-Gaddafi, aber auch mit Stars wie Josephine Baker, Elizabeth Taylor und Richard Burton. Natürlich brachten die Gäste auch Präsente mit, und da Tito viel Platz im Grünen hatte – warum nicht lebende Tiere? So füllten Affen, Bären, Zebras, Antilopen und andere Tiere aus aller Welt bald einen ganzen Safari-Park. Den gibt es noch heute. Die Tiere sind natürlich nicht mehr dieselben, einige der Orang-Utans, Schimpansen, Löwen und anderen Geschenke stehen heute ausgestopft

im Museum. Ein einziges lebt aber noch: die Elefantenkuh Lanka – ein Geschenk von Indira Gandhi. Sie kam als Elefantenbaby hierher und wurde unlängst 51 Jahre alt. Die Menschen im Nationalpark haben sie groß gefeiert, sie bekam sogar eine Geburtstagstorte aus Heu, Bananen und anderem Obst.

Die Spuren der Römer

So faszinierend all das einen Nationalpark macht: Einer echten istrischen Natur kommt man anderswo noch viel näher. Der Weg dahin führt durch die Stadt Pula, sie ist berühmt für ihre römische Architektur, darunter ein Triumphbogen und der originalgetreue Nachbau eines Tempels, der 1944 durch eine Bombe zerstört wurde. Die eigentliche Sensation aber ist ihr riesiges Amphitheater, bis zu 130 Meter ➤

lang und 33 Meter hoch, mit Platz für 20 000 Besucherinnen und Besucher, die immer wieder zuschauen konnten, wie die Karten zwischen Mensch und Tier neu gemischt wurden.

Das Gebäude gibt nicht nur Einblicke in die Gesellschaft, sondern auch in das Handwerk seiner Zeit: Oben läuft an den Wänden eine Rinne für Regenwasser entlang, steinerne Blöcke sicherten die Sonnensegel, die Schatten während der Darbietung spendeten. Heute finden in der Arena viele friedliche Veranstaltungen statt, zum Beispiel Konzerte oder Vorführungen beim Filmfestival. Mehrere Cafés liegen direkt an der Arena, was den Ort auch perfekt für eine Pause auf der Durchfahrt macht.

Und dann endlich das stille Ende: das Naturschutzgebiet Kap Kamenjak, keine

halbe Stunde von Pula entfernt. Die Halbinsel am untersten Zipfel Istriens ist unbewohnt, gesäumt von rund 30 Kilometern Küstenlinie aus Sandstränden und schroffen Felswänden. Auf den grünen Hügeln des Kaps gedeihen Sträucher und Blumen, darunter gut 20 unterschiedliche Arten von Orchideen.

Während die Landschaft sich besonders schön beim Wandern oder Biken erschließt, bietet das Surfen, Schnorcheln oder die Tour mit dem Kajak einzigartige Blicke auf die Küste mit ihren hohen Klippen und ruhigen Buchten. Wenn abends die Luft abkühlt und der Himmel sich verdunkelt, steigen die Düfte der Nacht aus der Erde auf, würzig, üppig und ein bisschen süßlich – als wollte der Boden keinen Zweifel daran lassen, woher die Delikatessen Istriens ihre aromatische Wucht haben. ❖

Die kleine Stadt Motovun thront auf einem 280 Meter hohen Hügel über dem Mirna-Tal

Hotels

Grand Hotel Brioni

Die massive Geometrie des Gebäudes lässt noch Reste sozialistischer Grandezza erahnen: Heute gehört das „Grand Hotel Brioni" zur Radisson-Gruppe, ein elegantes Weiß-Blau-Thema zitiert die Farben des Meeres, weiche Beige- und Brauntöne vermitteln im Restaurant und in der Lobby ein Gefühl von Erdung und Ruhe. Abends auf der Terrasse zuzuschauen, wie die untergehende Sonne im Gin Tonic schimmert, und später bei offenen Balkontüren zum Meeresrauschen einzuschlafen, ist ein wunderschönes Ende eines erlebnisreichen Tages. ●●●

Pula, Verudela 16
www.grandhotelbrioni.com

Roxanich Winery & Design Hotel

Endlich mal Design mit Mut: Ein altes Landhaus aus grobem Stein thront über einem strengen Anbau aus Beton, im Restaurant glänzen goldfarbene Kacheln an den Wänden. Die Gestaltung der Zimmer wirkt wie eine bunte Karambolage von Elementen aus Memphis Design und Art déco mit einer Messerspitze Klassizismus. Der schönste Anblick kommt aber frühmorgens beim Aufstehen: Wer das Fenster nicht zum Dorf, sondern zu den Hügeln der Umgebung hat, kann zuschauen, wie der Nebel die Hänge hinabrollt, das Tal füllt und sich langsam auf das Hotel zuwälzt. Man möchte sich fast noch mal kurz hinlegen und sofort wieder aufstehen und die schweren Vorhänge zur Seite ziehen, weil der Moment so schön ist. ●●●◐

Motovun, Kanal 30
www.roxanich.com

San Canzian Hotel & Residence

Das luxuriöse Hotel verteilt sich auf die historischen Gebäude eines Bergdorfes, bei Hochzeiten wird manchmal die Tafel auf der Straße aufgebaut – viel näher kann man dem Gefühl einer Festlichkeit auf dem Land wohl nicht kommen. Küchenchef Pavo Klarić verwandelt traditionelle istrische Zutaten in raffinierte Bistroküche. Dafür hat ihn 2023 das kroatische Gastronomieportal „Kult Plave Kamenice" zum Best Young Chef gekürt. ●●●

Buje, Mužolini Donji 7
www.san-canzian.hr

Meneghetti Wine Hotel & Winery

Hinter einem eisernen Tor führt eine Kiefernallee zu einem hübschen, hochwertigen Hotel mit Top-Weingut. Es gehört zur Relais & Châteaux-Gruppe, befindet sich etwas versteckt mitten im Grünen und ist trotzdem nur knapp zwei Kilometer vom Meer entfernt.

Bale, Stancija Meneghetti 1
www.meneghetti.hr

Restaurants

Karlić Tartufi

Seit 1966 sammelt die Familie Karlić weiße und schwarze Trüffel aus den Wäldern der Umgebung. Mit der Zeit ist daraus eine ganze Erlebniswelt herangewachsen: Besucherinnen und Besucher dürfen mit den Trüffeljägern in die Wälder gehen, zwischendurch mit den Hunden spielen, im modernen Restaurant die Delikatessen probieren und sich im Shop eines der vielen Souvenirs mit Trüffeln gönnen, sei es Gin, Schokolade, Brotaufstrich oder Wurst.

Buzet, Paladini 14
www.karlictartufi.hr

Veralda

Viele Restaurants in Istrien haben Weine von Veralda auf der Karte, noch besser lernt man sie in ihrer Vielfalt bei einer Verkostung vor Ort kennen. Das Weingut war nicht nur ein Pionier beim ökologischen Weinanbau in Istrien, sondern auch bei der Entwicklung von istrischem Rosé-Sekt – ein mittlerweile in der Region vielfach kopiertes Produkt, dessen Original durchaus Beachtung verdient.

Brtonigla, Kršin 4
www.veralda.hr

Batelina

Danilo Skoko ist der Inhaber dieses Restaurants, vor allem ist er aber Fischer – das Essen für seine Gäste fängt er selbst, viel kürzer kann man eine Wertschöpfungskette kaum gestalten. Sein Sommelier Ilija Bunčić stellt dem Gast erst mal Brot, Salz und Olivenöl hin, natürlich istrisches, es ist der ganze Stolz der lokalen Gastronomie. Viele Hotels und Restaurants haben eigene Öle, außerdem sind zahlreiche Top-Produzenten am Werk. Bei Ilija gibt es das „Trasparenza Marina" von Mate, eine Mischung aus den Sorten Leccino und Pendolino.

Banjole, Čimulje 25
Reservierungen telefonisch unter +385-52-573767

Konoba Feral

Vom Fähranleger in Fažana um eine Ecke, schon steht man in einer Nebenstraße vor diesem Restaurant – ideal für Reisende, die sich im Brijuni-Nationalpark hungrig gewandert haben. Die Fleisch- und Fischgerichte sind einfach, aber lecker, man beschränkt sich bei den Gewürzen auf Salz, Knoblauch, Olivenöl und einige Kräuter. Das lässt den Hauptzutaten schön viel Raum und schafft Geschmackserlebnisse ohne Ablenkungen.

Fažana, Boraca 11
www.restaurant-feral.com

Ruhepool: Im eleganten Badebereich des Hotels „San Canzian" können sich Gäste mit Blick auf die grünen Hügel Nordistriens erholen

Alles andere als einförmig: Zum Weingut „Roxanich" gehört auch ein Hotel in einzigartigem Design

FOTOS: THORSTEN BRONNER/A.R.T. SALZBURG, FRANK HEUER/A.R.T. SALZBURG, GÜNTER STANDL/A.R.T. SALZBURG

»Der Luxus der Stille ist meine Motivation«

Die Serengeti oder das Okavangodelta sind legendäre Safari-Ziele. Aber schon mal von Kafue und Luangwa gehört? Vincent Kouwenhoven, Gründer der renommierten Green Safaris, erklärt, warum das kleine Sambia Afrikas nächstes großes Reiseziel ist

INTERVIEW: KALLE HARBERG

7

SAMBIA

Ganz nah rangepirscht: Bei einer Kanu-Safari geht man im Lower-Zambezi-Nationalpark auf Tuchfühlung mit den größten Landsäugetieren der Welt

Vom Tech-Investor zu Sambias Safari-Spezialisten: Der Niederländer Vincent Kouwenhoven ist Managing Director von Green Safaris

MERIAN *Tansania, Kenia, Südafrika – wenn man an die besten Reiseziele für eine Safari denkt, kommt einem nicht unbedingt sofort Sambia in den Sinn. Warum gehört das Land im Süden des afrikanischen Kontinents dennoch auf die Liste?* VINCENT KOUWENHOVEN Weil es das große Unbekannte ist. Die Leute kennen das Land einfach nicht. Ich vergleiche Sambia oft mit Tansania oder Kenia, und dann sage ich: Wir haben hier unglaubliche Nationalparks mit der ganzen Tierwelt der Masai Mara oder der Serengeti, außer vielleicht der „Great Migration". Der größte Unterschied ist, dass man hier alle Tiere zu Gesicht bekommt, aber keine anderen Menschen. Man hat die Wildnis für sich. Wenn Sie den Kafue-National-park besuchen, sehen Sie jeden Tag Löwen, und es werden Ihre Löwen sein. Kein anderer Geländewagen drängt sich ins Blickfeld.

Sie haben als Investor überall in Afrika gearbeitet, bevor Sie in Sambia Ihr Herz an den Kafue-Nationalpark verloren.
Als ich nach Kafue kam, habe ich mich ganz und gar verliebt. Damals arbeitete ich als Investor im Fintech-Sektor, aber wann

immer ich ein Zeitfenster hatte, besuchte ich einen Nationalpark. Uganda, Ruanda, Namibia – ich kenne so viele Ecken. Aber an Kafue beeindruckte mich diese rohe Wildnis ohne jegliche Besucher. Um es mal ins richtige Verhältnis zu rücken: Kafue misst etwa 22 000 Quadratkilometer, hat aber im Jahr nur 15 000 Besucher. Der Kruger-Nationalpark in Südafrika misst rund 19 000 und kriegt jährlich anderthalb Millionen Gäste. Was ich während meines Besuchs noch bemerkte, war der direkte Zusammenhang zwischen dem Ausbleiben des Tourismus und dem Ausmaß der Wilderei. Das weckte mein Interesse: Wie können wir Jobs schaffen und die lokale Bevölkerung einbinden, damit diese letzten Flecken unberührter Wildnis erhalten bleiben? So begann Green Safaris.

„Wo Öko Luxus ist" wurde zu einem Mantra Ihres Unternehmens, das heute in Sambia sowohl Safaris anbietet als auch selbst eine Reihe exklusiver Lodges betreibt.
Für mich bedeutet Luxus, sich an den unberührtesten aller Orte aufzuhalten. Kleine und intime Camps anzubieten. Bio-Essen von unseren eigenen Farmen zu servieren. ➤

Hohe Baukunst: Die Nester der Webervögel dienten Kouwenhoven als Inspiration für die vier Unterkünfte im „Chisa Busanga Camp"

Mit Teams zusammenzuarbeiten, die für ihre Leidenschaft, Freundlichkeit und die Qualität ihres Services bekannt sind. Weil Safaris so lächerlich teuer sind, will ich, dass die Menschen, die bei uns bleiben, Erinnerungen für den Rest ihres Lebens mitnehmen.

Green Safaris legt großen Wert darauf, seine Touren nachhaltig zu gestalten – zum Beispiel in Form sogenannter „Silent Safaris" mit E-Fahrzeugen. Das allererste E-Fahrzeug hier habe ich in 2011 selbst zusammengeschraubt. Die Technologie habe ich als *open source* zugänglich gemacht und Workshops angeboten in der Hoffnung, dass viele unserem Beispiel folgen. Jedes unserer Camps hat mindestens einen E-Wagen, ein E-Boot – wir haben sogar E-Mountainbikes eingeführt. Diese Fortbewegungsmittel machen einen großen Unterschied, wie nah man den Tieren kommen kann, ohne sie zu stören. Und es ermöglicht unseren Guides, Tiergeräusche klarer auszumachen. Meine Motivation bei all dem war nicht, der ultimative Öko-Touranbieter zu werden. Es begann damit, dass ich von einer Lodge zur anderen fuhr, und wenn ich einem Löwenrudel begegnete, stellte ich den Motor

➤

Der Ausguck der Zimmer im „Chisa Busanga" hat kein Fenster. So wirkt der Sonnenuntergang noch eine Spur schillernder

So nahtlos schmiegen sich die Camps in die Natur –
man schläft wie ein Vogel im sicheren Nest

Sambias ungezähmte Wildnis hat man manchmal noch ganz für sich

Die eine Hälfte des Jahres sind die Busanga Plains überflutet, während der anderen aber lässt sich im Gras ein privates Dinner arrangieren

ab und merkte, wie sehr ich den Gesang der Vögel und das Rauschen des Windes in den Büschen liebte. Der Luxus der Stille war und ist meine Motivation.

Ihre Lodges fügen sich in die Natur ein. Das „Chisa Busanga Camp" etwa ist den Nestern der einheimischen Webervögel nachempfunden. Wie ist es entstanden?
Wann immer ich ein neues Stück Land kaufe, schlage ich dort für ein paar Tage mein Zelt auf, um ein besseres Gefühl für das Areal zu bekommen. Auf dem Gelände von Chisa wachte ich eines Morgens auf und sah dieses Nest in einem Baum über mir. Weil die Ebenen von Busanga, auf denen das Camp liegt, wegen Überflutungen die Hälfte des Jahres einem See gleichen, hatte ich ohnehin schon mit der Idee von Baumhäusern gespielt. Diese Unterkünfte bestehen aus einem Stahlrahmen, der mit Stöcken und Ästen verkleidet ist. Sie alle zu sammeln, hat Wochen gedauert.

Wie sieht die perfekte sambische Safari aus?
Kommt darauf an, wie viele Tage Sie hier sind. Wir sorgen gerne für ein wenig Abwechslung. Wenn Sie also nur eine Woche Zeit haben, dann verbringen Sie am besten drei Nächte an den Victoriafällen in unserer „Tongabezi Lodge". Den Rest der Zeit gehen Sie auf Safari im Nationalpark South Luangwa, bekannt als die Wiege der „Walking Safari", oder im Lower Zambezi, wahrscheinlich Sambias berühmtester Park. Dort kann man nicht nur in einem Geländewagen oder zu Fuß auf Safari gehen, sondern auch in einem Kanu den Sambesi runterpaddeln. Auf dem Wasser einem trinkenden Elefanten oder Büffel in die Augen zu blicken, das ist eine komplett andere Erfahrung.

Und wenn man mehr als eine Woche Zeit hat, um durch Sambia zu reisen?
Wenn Sie zwischen zehn und zwölf Tagen mitbringen, dann machen Sie unseren „Dream Circuit". Die Rundreise besteht aus den Victoriafällen, den Parks Lower Zambezi und South Luangwa sowie einem Finale von drei oder vier Nächten in unserem Strandresort „Kaya Mawa" auf der Insel Likoma im Malawisee. Das Grundstück, das nur einen Abstecher über die Grenze entfernt liegt, habe ich vor sechs Jahren erworben, und seitdem wird es kontinuierlich als eines der besten Strandresorts Afrikas geehrt. Es ist ein paradiesisches Erlebnis – besonders am Ende einer Safari-Reise. Für unsere Gäste ist es dann der komplette Luxus, ein paar Tage lang auszuschlafen, zu schwimmen, zu segeln und am Strand eine Massage zu genießen.

Wie entscheidend ist es, dass auch die sambische Regierung jüngst ihre Bemühungen verstärkt hat, das Land als Safari-Ziel zu etablieren?
Seit der Unabhängigkeit 1964 hat das Land allein von einer Sache gelebt: Kupfer. Sambia ist einer der größten Lieferanten der Welt. Selbst als Sambias führendes Safari-Unternehmen können wir nicht das ganze Land alleine vermarkten. Und zum Glück hat Hakainde Hichilema, seit gut zwei Jahren Sambias Präsident, die Bedeutung des Umweltschutzes und des Tourismus erkannt. Endlich rührt sich etwas im Tourismusministerium.

Was wünschen Sie sich für Sambias Zukunft?
Ich hoffe, dass sich der Anteil des Tourismus am Bruttoinlandsprodukt über das nächste Jahrzehnt auf 13 Prozent erhöht, so wie es in Botswana der Fall ist. Das wird zu mehr Jobs führen, und diese Jobs sind ein entscheidender Faktor im Umweltschutz. Wenn ich mich mit Menschen in Europa über Flugscham unterhalte, dann erkläre ich ihnen: Wenn es um den CO_2-Fußabdruck geht, möge man bitte im Kopf behalten, dass die 600 Menschen, die für Green Safaris arbeiten, ihr Einkommen traditionell mit einer großen Familie teilen, deren Mitglieder deswegen nicht zu den Mitteln der Wilderei greifen oder Bäume fällen müssen. Meine Hoffnung ist, dass die Welt Sambia entdecken wird. ❖

So süß, so gefährlich: Rund 500 Löwen leben in Kafue, Sambias größtem Nationalpark

Anreise

Derzeit gibt es keine Direktflüge zwischen Deutschland und Sambia. Zwischenstopps führen in der Regel über Amsterdam oder London, Addis Abeba oder Dubai, von wo aus es in die Hauptstadt Lusaka rund sieben Stunden dauert. Von dort sind es etwa sechs Stunden Autofahrt in den Kafue-Nationalpark, acht bis zu den Victoriafällen. Als bestes Reisefenster gilt die kühle Trockenzeit zwischen Mai und Oktober.

Erleben

Der 2014 gegründete Anbieter Green Safaris stellt für alle, von Familien über Paare bis zu Alleinreisenden, Safaris zusammen – die „Ultimate Green Safari" etwa gibt es ab 8060 Euro, sie umfasst 13 Übernachtungen. In Deutschland arbeitet Abendsonne Afrika mit Green Safaris zusammen und vermittelt Übernachtungen in den Camps und Lodges.
www.greensafaris.com
www.abendsonneafrika.de

Unterkünfte

Kouwenhovens Safari-Unternehmen unterhält insgesamt acht Camps und Lodges, von denen sieben in Sambia liegen und eine ganz knapp in Malawi. Die Preise für die Unterkünfte beginnen bei etwa 370 Euro die Nacht im „Kaya Mawa". Das im Malawisee gelegene Strandresort ist perfekt, um am Ende einer Safari die Füße in den Sand zu stecken und wieder zu Kräften zu kommen. Aber beginnen sollte man die Rundreise in Tongabezi. Die Eco-Lodge liegt zwölf Kilometer flussaufwärts von den Victoriafällen, besteht aus einem Dutzend Cottages und Häusern und bietet, na klar, Flusskreuzfahrten und Trips zu den Fällen an. Die „Ila Safari Lodge" im Nationalpark Kafue war die erste in ganz Sambia, die Safaris mit E-Fahrzeugen im Programm hatte – nach dem leisen „Game Drive" schläft es sich in den zehn Luxuszelten ganz vortrefflich. Die Zelte im „Sausage Tree Camp" im Lower-Zambezi-Nationalpark stehen denen in nichts nach, obendrauf gibt es noch ein Haus für Familien plus private Guides und Butler. Den Titel als spektakulärste Lodge von Green Safaris gewinnt jedoch das „Chisa Busanga Camp". Von den Vogelnestern gibt es nur vier, einziehen kann man zwischen Juni und November, wenn die Busanga Plains nicht überflutet sind.

FOTOS: GREEN SAFARIS (3)

Auf der Insel Likoma im Malawisee liegt das Resort „Kaya Mawa", was „vielleicht morgen" bedeutet. So wie: Vielleicht checke ich doch erst morgen aus!

Lebensader: Der Rhein fließt direkt durch die Basler Altstadt mit dem imposanten Münster

8
BASEL

Hoher Besuch

Die Stadt am Rhein ist reich an erstklassiger Kunst, und 2024 zeigt die Fondation Beyeler zwei besondere Hochkaräter: den Fotokünstler Jeff Wall und den Maler Henri Matisse

Die Fondation Beyeler gehört geografisch knapp nicht mehr zur Kunst-Stadt Basel, sie ist aber ein essenzieller Teil davon. Die Straßenbahnfahrt vom Zentrum Richtung Nordosten nach Riehen ist eine schöne Einstimmung. Unterwegs wird es ländlicher, am Ziel dann aber dieses Museum in einem fantastischen Flachbau von Renzo Piano: durchlässig, klar, die perfekte Bühne für große Kunst. Bodentiefe Fenster öffnen sich zum Park, in den Räumen hängen und stehen Meisterwerke der klassischen Moderne und der Gegenwart – Mondrian, Léger, Rothko, Rauch, Kiefer, Giacometti. Immer wieder macht die Fondation Beyeler auch mit außergewöhnlichen Ausstellungen von sich reden. Schon

Anfang 2024 wird es bildgewaltig, wenn sich das Museum von Ende Januar bis April dem Werk des kanadischen Fotokünstlers Jeff Wall widmet. Wie Schnappschüsse wirken dessen oft großformatige Werke, die in Wahrheit aus vielen Einzelaufnahmen komponiert sind. Eine zweite, sehr hochkarätige Schau startet im September und läuft bis Anfang 2025: eine Retrospektive über Henri Matisse mit rund 80 Hauptwerken – die erste im deutschsprachigen Raum seit fast 20 Jahren. Und falls es 2024 nicht klappt mit einem Basel-Besuch, öffnet sich eine weitere Perspektive: Mit Glück wird 2025 der Erweiterungsbau nach Entwürfen des Architekten Peter Zumthor fertig. JONAS MORGENTHALER

Riehen/Basel, Baselstr. 101
www.fondationbeyeler.ch

Hotels

Krafft
Das Hotel, in dem Hermann Hesse einst am „Steppenwolf" schrieb, wurde 1873 direkt an der Rheinpromenade errichtet. Heute ist es ein gastfreundliches, überhaupt nicht angestaubtes Haus. Die 48 Zimmer sind mit ausgewählten Designklassikern gestaltet, zum Restaurant gehören sowohl ein schöner Gastraum als auch eine Terrasse zum Rhein.
Rheingasse 12
www.krafftbasel.ch

Volkshaus
Ein eigener Mikrokosmos ist dieser Komplex mit hübschem Innenhof, der vor einigen Jahren durch die Basler Architekten Herzog & de Meuron erneuert wurde. Das Boutiquehotel ist ein Teil davon, dazu kommen eine Brasserie, eine Bar und ein Konzertsaal. Auch zeitgenössische Kunst spielt eine wichtige Rolle: So prägen Buntglasfenster von Imi Knoebel die Bar, und in der Brasserie hängt ein Werk des Malers Franz Gertsch.
Rebgasse 12-14
www.volkshaus-basel.ch

Restaurants

Bel Etage
Parkettboden, Flügeltüren, hohe Decken: Das Restaurant befindet sich in mehreren schönen Salons auf der Beletage des historischen „Teufelhofs". Seit über 30 Jahren sorgt hier Michael Baader für eine schnörkellose Gourmetküche, die im Sommer auch auf der schönen Terrasse serviert wird.
Leonhardsgraben 47-49
www.teufelhof.com

Taverne Johann
Das Team dieser „Quartierbeiz" im St. Johanns-Viertel lebt das Nose-to-Tail-Prinzip, indem es regelmäßig ganze Tiere verarbeitet. Serviert wird sowohl Rustikales wie Coq au Vin oder Kalbsbrust mit Polenta als auch ein französisch geprägtes Menü mit bis zu sieben Gängen.
St. Johanns-Ring 34
www.tavernejohann.ch

Erleben

Theater Basel
Von Wagners Opernzyklus „Der Ring des Nibelungen" über Shakespeares „Sommernachtstraum" bis zur musikalischen Komödie von Herbert Grönemeyer: Das Drei-Sparten-Haus bietet ein vielschichtiges Programm und begeistert immer wieder mit außergewöhnlichen Produktionen.
Theaterstr. 7
www.theater-basel.ch

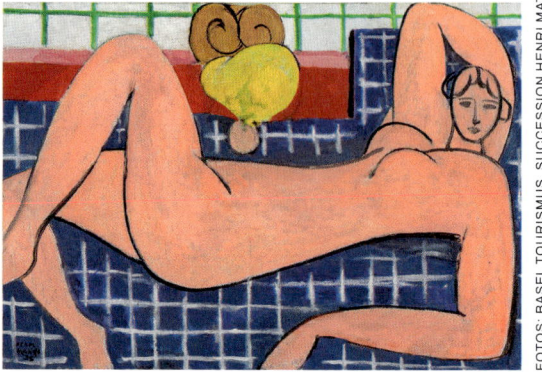

Bald in Basel: „Großer liegender Akt" von Matisse

9

TAIWAN

Taipeh mit dem Wolkenkratzer „Taipei 101" (links).
Die Berge am Stadtrand deuten Taiwans reiche Natur an

»Taiwan ist ein Traumland«

Von Osnabrück nach Taipeh: Der deutsche Spitzenkoch Thomas Bühner hat
im April 2023 in der taiwanesischen Hauptstadt sein neues Restaurant
eröffnet, das „La Vie by Thomas Bühner". Seitdem haben sich ihm neue Horizonte
eröffnet – in der Natur, beim Zugfahren und in der Küche

INTERVIEW: SILVIA TYBURSKI

MERIAN *Erinnern Sie sich an das erste Mal, als Sie nach Taiwan kamen?*
THOMAS BÜHNER Ja, und ich habe es gehasst. Als ich 2019 dort eintraf, hat es vier Tage lang nur geregnet. Und das Projekt, für das ich ursprünglich hinzog, passte nicht zu mir: für einen reichen Unternehmer in Kaohsiung, im Süden von Taiwan, ein Restaurant zu führen. Wir hatten sehr unterschiedliche Vorstellungen von Fine Dining. Für mich ergibt sich der Wert eines guten Essens nicht nur aus der Addition von Zutaten. Dazu zählen auch der Service, edles Tischtuch, Blumen, ein gewisser Grad an Begeisterung. Aber ich lernte dort meinen Geschäftspartner Ray Wu und meinen Küchenchef Xavier Yeung kennen, mit denen ich heute mein Restaurant „La Vie by Thomas Bühner" in Taipeh führe.

Und haben Sie Taiwan inzwischen lieben gelernt?
Ja! Ich finde es sehr schade, dass viele mit diesem Land nur den Konflikt um die Unabhängigkeit von der Regierung in Peking assoziieren.

Taiwan ist ein Traumland, mit ganz unterschiedlichen Landschaften: Strände, heiße Quellen, Gebirge, all das findet man in Taiwan komprimiert auf einer Fläche, die ungefähr der zwischen Nordfriesland, Hannover und Osnabrück entspricht. Besonders die Berge sind beeindruckend. Der höchste, der Yushan im Zentrum, misst fast 4000 Meter, und Taiwan hat 100 weitere, die mehr als 3000 Meter hoch sind. Taipeh liegt im Norden, weitere interessante Städte sind nach Süden hin wie eine Perlenkette aufgereiht: Taichung, Tainan und ganz unten Kaohsiung –

für viele Taiwaner wie für die Deutschen Mallorca: sonniger und immer drei, vier Grad wärmer als im Rest des Landes.

Werden Foodies glücklich in Taiwan?
Absolut. Sie können in jedem Streetfood-Imbiss richtig gut essen. Auch bei Luxusrestaurants ist die Auswahl groß, allein Taipeh hat im Augenblick 35 Restaurants mit einem bis zu drei Sternen. Zum Vergleich: Hamburg hat zehn, bei vergleichbarer Größe.

Was begeistert Sie noch an dem Land?
Die Sorgfalt und Präzision, mit der ➤

Gemeinsam tüfteln Thomas Bühner und Küchenchef Xavier Yeung an neuen Gerichten, die nach Taiwan passen

einfach alles angegangen wird. Ein gutes Beispiel ist das Bahnfahren: Ich habe mich mal etwas über eine Bahnsteigkante gelehnt, um mit dem Handy den demnächst einfahrenden Schnellzug zu filmen. Dann kam ein Schaffner auf mich zu. Ich dachte: Oh je, das gibt jetzt Ärger, aber einige Meter vor mir blieb er stehen, hob einfach nur ein Blatt vom Boden auf und ging wieder. In Deutschland hätten Sie gleich einen Anranzer per Lautsprecherdurchsage gekriegt. Und: Alles ist picobello sauber, die Züge sind pünktlich auf die Sekunde. Wenn im Fahrplan steht: Der Zug fährt um neun Uhr los, dann fährt er exakt um neun Uhr.

Hat Taiwan Ihre Küche beeinflusst?
In meinem Restaurant in Taipeh sehr stark, weil ich keinen kulinarischen Kolonialismus betreiben möchte. Meine Kreativität und Erfahrung fließen ein, aber für die Übersetzung der Rezepte ist mein Küchenchef Xavier Yeung zuständig. Es gibt bei uns keine Rotbarben aus der Bre-

tagne, keine Austern von der französischen Atlantikküste und kein Lamm aus dem Périgord. Das passt nicht zu den Zutaten von hier.

Das heißt, Sie verwenden viele lokale Lebensmittel?
Da, wo es Sinn macht. Ich habe Xavier einmal ein Rezept für Rotbarbe geschickt, und er sagte: „Lass uns Kinmedai nehmen." Das ist ein asiatischer Fisch, den ich gar nicht kannte. Das Huhn etwa kommt von einer Farm in der Nähe von Tainan. Es gibt auch ein paar kleine Höfe in der Umgebung, von denen wir exzellentes Schweinefleisch bekommen. Manchmal gibt es aber auch keine gute Entsprechung, dann importieren wir. Rinder zum Beispiel werden in Taiwan so gezüchtet, dass sie zur taiwanesischen Zubereitungsweise gut passen. Hier wird Rindfleisch häufiger gekocht statt gebraten.

Und was macht die taiwanesische Küche noch aus?
Man muss sich ein bisschen darauf

einlassen. Huhn zum Beispiel wird immer auch mit Knochen serviert, Rind mit Sehnen. Neulich habe ich zum ersten Mal frittierte Fischhaut probiert, die war superlecker. Taiwan hat eine wirklich tolle, schmackhafte Küche. Wie beim Bahnfahren sind in den Restaurants meine Erwartungen oft übertroffen worden.

Wo zum Beispiel?
Nehmen wir die Restaurantkette „Din Tai Fung". Die machen zwar Fast Food, aber unfassbar gutes. Es gibt eine Filiale im Taipei 101 Tower…

… der vor dem Burj Khalifa in Dubai das höchste Gebäude der Welt war.
Genau. In dieser Filiale bereiten sie täglich bis zu 3000 Essen zu. Als ich das letzte Mal dort war, hieß es: 80 Minuten Wartezeit. Kein Wunder: Deren Dim-Sums sind herausragend. Und sie sind exzellent in Bezug auf Sauberkeit, Freundlichkeit und Geschmack. ❖

Taipeh, Zhongshan District, No. 200, Lequn 3rd Rd, www.thomasbuehner.de

Das „La Vie by Thomas Bühner" hat 27 Plätze. Oben: marinierter Hamachi mit Gurkengazpacho

> »Taiwan hat ganz unterschiedliche Landschaften: Strände, heiße Quellen, Gebirge. Besonders die Berge sind beeindruckend«

Weites Wander-Wunderland: der Yushan-Nationalpark, vorn im Bild der Yushan East Peak

FOTO: ADOBE STOCK (1)

Alle Taiwan-Tipps auf einer kuratierten Karte bei Google Maps

TAIWAN

Reisezeit

Am angenehmsten ist es im frühen Frühjahr und im Herbst. Von Mai bis September herrscht Regenzeit.

Anreise

China Airlines fliegt direkt von Frankfurt, Eva Air von München nach Taipeh.
www.china-airlines.com
https://flights.evaair.com

Hotels

Mandarin Oriental
Alles in dem Fünf-Sterne-Haus ist auf Opulenz ausgerichtet: die Ausmaße, die Blumenbouquets, die Kronleuchter. Und selbst die Kuchen in der Patisserie sind wahre Kunstwerke. Das Spa gehört zu den besten der Stadt. Und es gibt drei Restaurants: ein gehoben chinesisches, ein italienisches und eines mit internationaler Küche. Plus: eine gute Cocktailbar.
Taipeh, Sngshan District, No. 158, DunHua North Rd
www.mandarinoriental.com

The Grand Hotel
Das 14 Stockwerke hohe Palasthotel mit geschwungenem, goldschimmerndem Dach und roten Säulen sieht aus wie ein Tempel. 1952 war es das erste Fünf-Sterne-Haus in Taipeh. Es hat 500 Zimmer und einen großen Pool.
Taipeh, Zhongshan District No. 1, Section 4, Zhongshan North Rd
www.grand-hotel.org

eslite
In der Lounge stehen mehr als 5000 Bücher und gemütliche Sofas. Die 104 Zimmer sind schlicht, aber stilvoll eingerichtet. Das Taiwan Design Museum liegt um die Ecke. Taipeh, Xinyi District, No. 98, Yanchang Rd
www.eslitehotel.com

Restaurants

JL Studio
Jimmy Lims Drei-Sterne-Restaurant bietet einen tollen Mix aus taiwanesischer und französischer Küche. Das Lamm mit Hummer ist herausragend, genauso wie seine Desserts. Eines davon ist eine süße Variante des singapurischen Frühstücks.
Taichung, 689 Yifeng Rd, Section 4, Nantun District
https://jlstudiotw.com

Taïrroir
Das Wortspiel verrät es: Hier wird viel mit lokalen Zutaten gearbeitet. Aus der Küche kommen feine europäische Gerichte, kombiniert mit taiwanesischen Rezepten. Das junge Team ist sehr kreativ, der Service äußerst freundlich.
Taipeh, Zhongshan District, No. 299, Lequn 3rd Rd
https://tairroir.com

Din Tai Fung
Der Bratreis und die Dumplings dieser Restaurantkette sind bei den Locals zu Recht besonders beliebt. Viele Taiwanesen, die eine Zeit lang im Ausland waren, gehen nach ihrer Rückkehr als Erstes ins „Din Tai Fung". Inzwischen gibt es auch Dependancen in England, den USA, Japan und Australien. Für die im Taipei 101 Tower braucht man eine Reservierung.
Taipeh, Xinyi District, No. 45, City Hall Rd
www.dintaifung.com.tw

Erleben

Ningxia Nachtmarkt
Die Nachtmärkte mit ihrem Streetfood sind ein wichtiger Teil der Landeskultur. Zu diesem, nahe dem Yanping Riverside Park, kommen neben Einheimischen auch viele Besucher aus Japan und Hongkong, die besonders den frittierten Tintenfisch oder das Austern-Omelette zu schätzen wissen.
Taipeh, Datong District, Ningxia Rd

Taipei 101 Tower
Eine Aussichtsplattform im 89. Stock gab es schon länger, doch die oberste, mehr als 2000 Quadratmeter große Etage im 508 Meter hohen Turm war lange Zeit VIPs vorbehalten. Seit 2019 kann jeder ein Ticket für „Skyline460" buchen und, eingehakt in eine Sicherheitsleine, die atemberaubende Aussicht genießen.
Taipeh, Xinyi District, No.7, Xinyi Rd, https://101ob.welcometw.com

Tafelfreuden

Wie die kunstvoll gedeckten Esstische von „Svenskt Tenn" salon-
und hoffähig wurden und Stockholmer heute ihre Tischkultur feiern –
mitten in der Stadt und auf den nahen Schäreninseln

VON SILVIA TYBURSKI

10
STOCKHOLM
& SCHÄREN

**Stilvoll speist man im
mondänen „Bonnie's"
im Stockholmer „Bank Hotel"**

Große Bühne für beste
Zimtschnecken: in der
Bäckerei auf Ingmarsö

Die Frau, die Schwedens Tischkultur auf ein neues Niveau hob, heißt Reisende mit einem huldvollen Lächeln willkommen: Das Foto der Designerin und Unternehmerin Estrid Ericson – elegantes Kostüm, dreireihige Perlenkette, die kurzen grauen Locken akkurat frisiert – hängt bei Gepäckband sieben am Stockholmer Flughafen in einer Reihe von Porträts schwedischer Erfolgsmenschen, zwischen Hip-Hop-Sänger Ison Glasgow und Helena Helmersson, der CEO von H&M.

Die Zeit wird zeigen, ob das Werk von Ison Glasgow oder H&M so dauerhaft kulturprägend sein wird wie das von Estrid Ericson. Vor 100 Jahren nutzte die damals 30-jährige Kunstlehrerin eine kleine Erbschaft, um „Svenskt Tenn" zu gründen, ein Geschäft für Inneneinrichtung in Stockholm. Und weil sie ein ziemlich gutes Händchen für Möbel, Stoffe, Leuchten und Geschirr hatte, wurde Svenskt Tenn ihr Vermächtnis. Schon 1925 gewann sie eine Goldmedaille bei der Weltausstellung in Paris, und noch heute ist der Laden Hoflieferant des schwedischen Königshauses. Auch in Privathäusern, Hotels und repräsentativen Räumen hat sich der Stil, ein Mix aus bunten Mustern und klaren Linien, etabliert. Ein Großteil der Möbel wurde von dem österreichischen Architekten Josef Frank entworfen, mit dem Ericson eine lebenslange Freundschaft verband. Es ging dem Duo nie darum, Kunst für die Ewigkeit zu schaffen, sondern darum, dass Menschen sich wohlfühlen, besonders, wenn sie zum Essen zusammenkommen.

Schon als kleines Mädchen genoss Estrid Ericson es, im Hotel ihres Vaters am Vätternsee, südwestlich von Stockholm, Tische zu decken und Blumen zu arrangieren. Eine gute Köchin war sie wohl nie, ein typisches Gericht bei ihr zu Hause sei angebranntes Omelette gewesen, erzählt man sich noch heute bei Svenskt Tenn. Doch eine Tafel in eine Augenweide verwandeln, das konnte sie. „Jeder Tisch war ein Gedicht", schwärmte ein Journalist 1933 nach Ericsons Ausstellung „Tischlein, deck dich". „Alles ist das Ergebnis geistvoller und einfallsreicher Kombinationen, die spielerisch und mit dem Überfluss eines Stilllebens ungewöhnliche Harmonien oder Kontraste zwischen Holz, Keramik, Glas und

Blumenbouquets entdecken." Noch heute steht ein großer Esstisch im Zentrum des Svenskt-Tenn-Showrooms, immer wieder neu arrangiert von zeitgenössischen Künstlerinnen und Künstlern.

All diese schön gedeckten Tische, doch was darauf in Schweden serviert wurde, galt lange Zeit nicht gerade als Haute Cuisine. In den letzten Jahren aber ist Stockholm zu einer Feinschmecker-Destination geworden. Ausgezeichnete Küchenchefs und kreative Gastgeber eröffnen einen Laden nach dem anderen – auch in der vorgelagerten Schärenwelt mit ihren 30 000 Inseln. In der Hauptstadt gibt es Spitzenrestaurants wie das „Aira", dessen Küchenchef Tommy Myllymäki gerade mit einem zweiten Stern ausgezeichnet wurde, oder luxuriöse Neueröffnungen wie das „Grand Soleil" von Mathias Dahlgren, das zum 1874 gegründeten „Grand Hôtel" gehört. Und dann findet man ganz unterschiedliche, charmante Orte weiter draußen, wo kreative Menschen mit viel Fantasie und Freude an gutem Essen am Werk sind.

Neue Genussorte wachsen am Wasser

Das Café von Lina und Victor Wahlcrantz auf der 150-Seelen-Insel Ingmarsö ist einer davon. Es liegt zwei Stunden Bootsfahrt von Stockholm entfernt – ein Ort der Ruhe mit einem kleinen Ladengeschäft, in dem es nach Zimtschnecken duftet, die so groß sind, dass sie kaum auf einen Kuchenteller passen. Nach Jahren Arbeit in der Stockholmer Gastronomie wollte das Paar mit seinen zwei Kindern raus in die Natur. 2019 begannen Victor und Lina, auf Ingmarsö einen ehemaligen Stall in das Café mit eigener Bäckerei zu verwandeln. Es hat eine von moosbewachsenen Granitfelsen und hohen Kiefern umgebene Terrasse mit Blick auf die Bucht. Die Tische sind mit geblümtem Vintage-Geschirr gedeckt, in den Vasen stehen Sträuße mit Cosmea und Kapuzinerkresse aus dem eigenen Garten. „Wir verwenden viel Geschirr, das wir von unseren Großmüttern und Tanten bekommen haben", sagt Lina. „Und von Großmüttern und Tanten unserer Freunde." Es waren sogar Teller und Tassen aus der schwedischen Porzellanmanufaktur Rörstrand dabei. Unsere Freunde sagten: „Besser, ihr benutzt es, als wenn es bei uns im Schrank verstaubt." So

Estrid Ericson gründete „Svenskt Tenn" und brachte Stil in Schwedens Esszimmer, der Architekt Josef Frank war ihr Chefdesigner

Designerinnen wie Margherita Missoni entwerfen Tafeln für Svenskt Tenn. Klassiker: Franks Mahagonischrank, Kerzenständer und Kissen – und Ericsons Zinn-Dose „Panama"

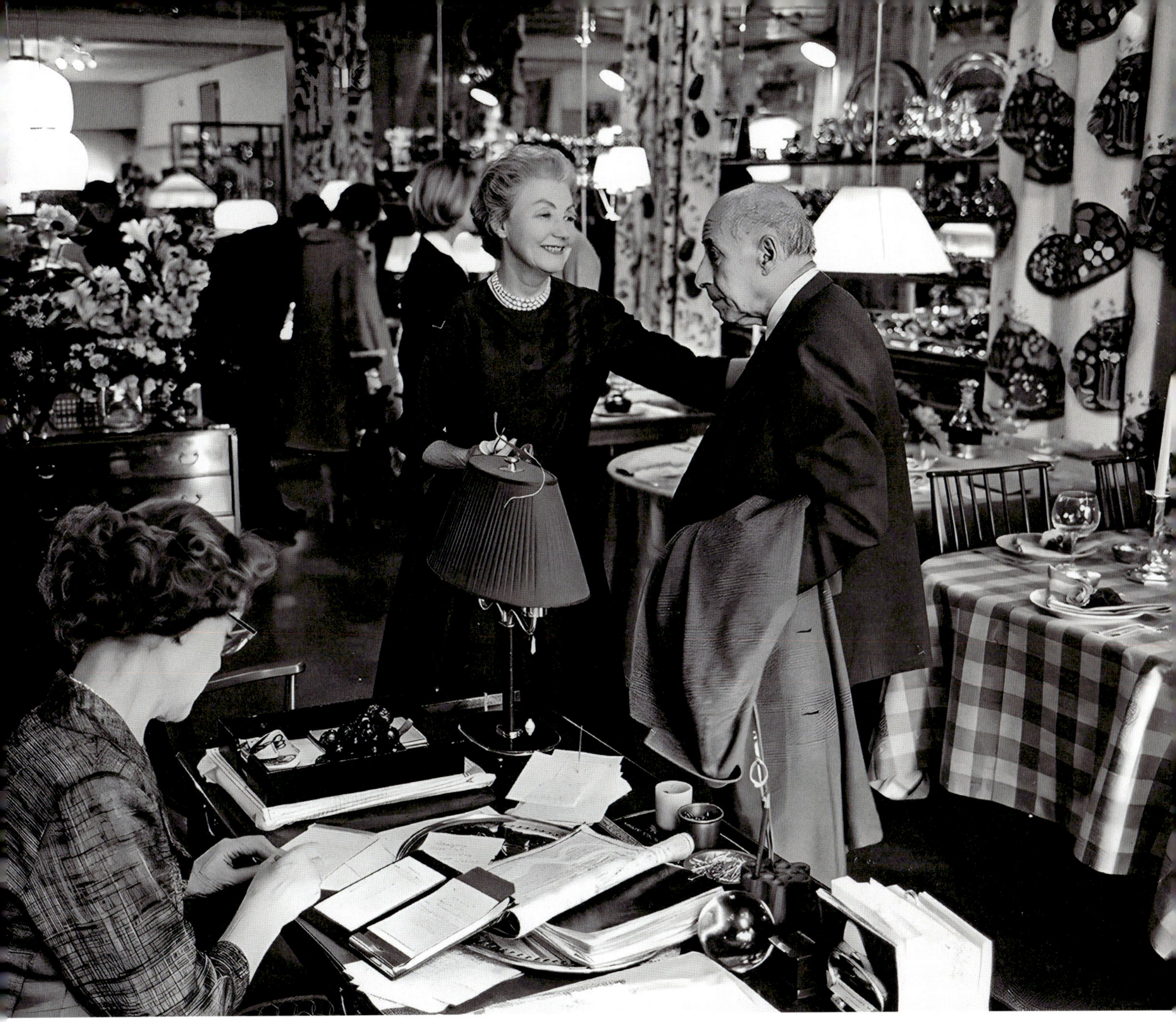

FOTOS: ARCHIV SVENSKT TENN

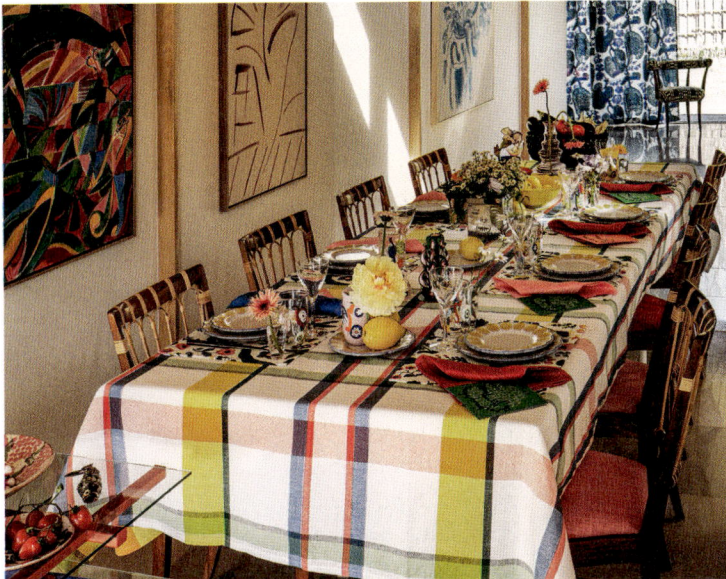

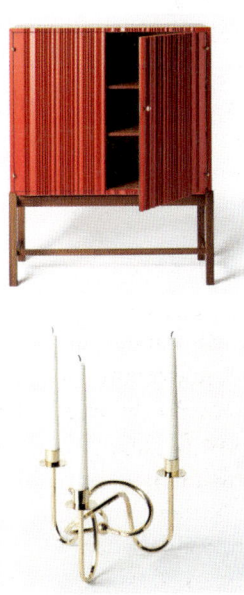

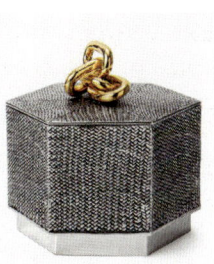

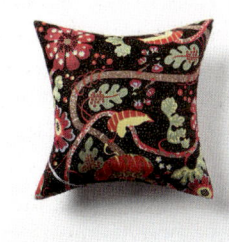

Die einen erholen sich dort am Wochenende,
die anderen finden in den Schären den Ort fürs Leben

schuf das Paar einen Ort, wo man sich fühlt wie in Großmutters guter Stube, der aber kein bisschen altbacken wirkt. Auch ein stylish eingerichtetes Holzhäuschen für Feriengäste gibt es inzwischen. „Bevor wir eine Einrichtungsidee umsetzen, diskutieren Victor und ich ewig darüber. Ich liebe leuchtende Farben und Dinge im Boho-Stil. Victor mag lieber klares, klassisch skandinavisches Design. Aber wenn wir uns dann einig geworden sind, gefällt es uns beiden, und es ist perfekt", sagt Lina. Diese Fusion erinnert ein wenig an die Kombination aus Schlichtheit und Grandezza, die Estrid Ericson und Josef Frank gelang.

Eine Stunde Bootsfahrt weiter südlich bitten Staffan Boija und sein Schulfreund und Kompagnon Oscar Sagefors auf der Schäreninsel Harö zu Tisch. Ihr Restaurant und Hotel „Harö Natur" haben sie mit viel Liebe zum Detail gestaltet. Es besteht aus schlicht und sehr geschmackvoll ausgestatteten Unterkünften: zeltförmige Holzhütten mit bodentiefen Panoramafenstern und umgebaute Gewächshäuser mit verspiegeltem Glas. Eines schaukelt sanft auf einem Holzschiff, ein anderes auf einem Steg. All das hat Staffan Boija mit seinen eigenen Händen gebaut. „Die Winterabende sind lang in Schweden, besonders im Archipel haben wir dann viel Zeit", sagt der 42-Jährige. Weniger Ablenkung vom Wesentlichen, mehr Stille und Nähe zur Natur, das waren für ihn Gründe, sich im Jahr 2020, nach 20 Jahren in verschiedenen Stockholmer Fine-Dining-Restaurants, mit seiner Familie im Archipel niederzulassen. Zusammen mit Oscar Sagefors schuf er zudem ein Restaurant, in dem auch weit gereiste Köche manchmal Gastauftritte haben.

Jakob af Petersens ist einer davon, er trägt nun einen Gang nach dem anderen auf: dänische Austern, zarte Matjesfilets mit Västerbotten-Käse, Ei und brauner Butter, Hummer auf gebackenen Kartoffeln mit Dill und Brunnenkresse, Schokoladenkuchen mit Blaubeeren und essbaren Blüten. Jakob kocht, seit seine Mutter ihn als kleinen Jungen in der Küche hat probieren und helfen lassen, später arbeitete er unter anderem im New Yorker Sternerestaurant „Aquavit". Aber nirgendwo schmecke es so gut wie hier

Schönstes Inselhopping: Mit dem Kajak durch den Archipel, hier bei Idöborg

FOTOS: HENRIK TRYGG/STOCKHOLM ARCHIPELAGO,

Backen für Wanderer, Segler und Gäste, die über Nacht bleiben: Lina und Victor Wahlcrantz

Brot und essbare Blüten: Staffan Boija vom Hotel „Harö Natur" bereitet seinen Gästen ein Picknick

Mit Blick auf die Sterne einschlafen und mit Aussicht auf die Bucht aufwachen: im umgebauten Glashaus des Hotels „Harö Natur"

Seafood mit Blütenpracht im dazugehörigen Restaurant

draußen, meint er. „Ich glaube, dass unsere Sinne alles viel intensiver wahrnehmen, wenn wir an der frischen Luft sind, auch unsere Geschmacksnerven."

Genauso sah das offenbar auch der Künstler Bruno Liljefors (1860 bis 1939). Liljefors, dessen Tierdarstellungen zur Sammlung des Stockholmer Nationalmuseums gehören, lebte einige Jahre auf Bullerö im Südosten des Archipels. Anfang des 20. Jahrhunderts gab er inmitten der kargen Heidelandschaft, die bei Nebel ein wenig an die schottischen Highlands erinnert, auf einem Granitfelsen immer wieder legendäre Picknicks für seine Freunde, darunter der Maler Anders Zorn und der Luftfahrtpionier Carl Cederström. Bis zu 60 Personen sollen dann hier oder zum Dinner in seinem Haus, das heute ein Museum ist, gefeiert haben, bedient von Angestellten des Stockholmer „Grand Hôtels". Später verkaufte Liljefors das Eiland an den Unternehmer und Bonvivant Torsten Kreuger, der international bekannte Stars wie Greta Garbo, Errol Flynn und Zarah Leander auf die Insel eingeladen haben soll. Weil die Sängerin Leander den steinigen Boden zum Baden zu unbequem fand, ließ Kreuger angeblich Sand von der Nachbarinsel Sandhamn herschaffen. Den kleinen Strand im Süden nennen sie hier bis heute „Zarahs Strand".

Wie einst Liljefors, die Kreuger-Familie und heute Unternehmer wie der Skype-Mitgründer Niklas Zennström besaß auch Estrid Ericson ein Sommerhaus im Stockholmer Archipel: In Tyresö, rund 30 Kilometer westlich von Bullerö, hat sie in ihrem Haus Tolvekarna („zwölf Eichen") an Ideen für neue Entwürfe gearbeitet, immer wieder umdekoriert und – natürlich – Freunde zum Essen empfangen.

Ob beim Picknick auf Bullerö, bei acht Gängen auf Harö oder bei Kaffee und Zimtschnecken bei zwei Aussteigern auf Ingmarsö: Man möchte an all diesen Orten dieser klugen Designerin zustimmen. Sie sagte: „Jedes Jahr unseres Lebens setzen wir uns mehr als 1000 Mal an einen gedeckten Tisch. Unsere Mahlzeiten sind so zentral für unser Lebensglück, dass wir (...) jede Möglichkeit nutzen sollten, sie mit Freude und Poesie zu füllen."❖

Pure Magie:

Südschweden und Stockholm per Schiff

AIDA

Reise ins Glück

Im sanften Blau der Ostsee gelegen,
verbindet Stockholm Geschichte und Moderne auf
unnachahmliche Weise: trendige Szeneviertel und liebevoll
eingerichtete Cafés hier, schmale Gässchen mit historischen Bauwerken
dort und vor der Küste die imposanten Schärengärten. Verlieben Sie sich in diese
charmante skandinavische Hauptstadt und erleben Sie die einzigartige Schönheit
Südschwedens auf einer AIDA Kreuzfahrt aus ganz unterschiedlichen Perspektiven.

Anreise

Seit 2023 gibt es einen Nachtzug von Berlin und Hamburg nach Stockholm. Direktflüge etwa mit SAS starten von Hamburg, Frankfurt, Düsseldorf, Berlin und München.

Von Stockholm fahren verschiedene Fähren in den Archipel. Nach Ingmarsö und Sandhamn etwa vom Anleger Strömkajen nahe dem Nationalmuseum. Um nach Harö zu kommen, kann man ein Wassertaxi bestellen oder per Fähre nach Hagede brygga auf Sandhamn fahren und sich dann von den Betreibern des Hotels „Harö Natur" abholen lassen (s. rechts). Für weitere Taxiboote gibt es eine App auf www.stockholm archipelago.se, wo man auch mehrtägige Reiseangebote findet. Kajaktouren bietet Jakob Rudberg von Get Out Kayak an.

www.waxholmsbolaget.se
Harö Båttaxi:
Tel. 0046 70 896 13 00
www.getoutkayak.se

Hotels

Hotel Skeppsholmen
Ursprünglich wurden die zweistöckigen, gelb getünchten Trakte des Hotels um 1700 für die Marine gebaut. Heute beherbergt es 81 angenehm schlicht und gemütlich eingerichteten Zimmer und Suiten mit Sprossenfenstern. Bei offenem Fenster kann man zeitweise den Jubel der Besucher des Vergnügungsparks hören, ansonsten ist der Takt auf der kleinen Insel Skeppsholmen, auf der auch das Moderna Museet liegt, angenehm ruhig. Zum Hotel gehört der 1882 für König Oskar II. gebaute erste Outdoor-Tennisplatz Schwedens. Gut möglich, dass Ihnen im Hotelrestaurant Benny Andersson begegnet, der nebenan sein Tonstudio hat. Hier nahm ABBA das Comeback-Album „Voyage" (2021) auf.
⬤⬤⬤ Stockholm
Gröna gången 1
www.hotelskeppsholmen.se

Grand Hôtel
Der französische Koch Régis Cadier konzipierte das Haus schräg gegenüber dem königlichen Schloss nach Pariser Vorbild. Seitdem logierten Prominente von Margaret Thatcher bis zu den Rolling Stones in dem

Innenarchitekt Martin Brudnizki gestaltete die Flag Suite im obersten Stockwerk des „Grand Hôtels"

Fünf-Sterne-Haus. Im beeindruckenden Spiegelsaal fand viele Jahre das Bankett anlässlich der Nobelpreisverleihung statt, bis es 1929 ins Rathaus verlegt wurde. Noch heute übernachten Preisträger in der Nobelsuite im obersten Stockwerk, mit fantastischem Blick über die Stadt.
Stockholm, Södra Blasieholmshamnen 8
www.grandhotel.se

Bank Hotel
Seit 2018 befindet sich in dem ehemaligen Bankgebäude im Geschäftsviertel Norrmalm ein modernes Luxushotel mit 111 Zimmern, eingerichtet mit Fotografien und Gemälden schwedischer Künstlerinnen und Künstler. Wer dort nicht übernachtet, kann zumindest auf einen Cocktail vorbeischauen, etwa in „Sophie's Bar", wo am Wochenende DJs auflegen. Die ruhigere Show: auf der Dachterrasse dem Sonnenuntergang zuschauen.
Stockholm, Arsenalsgatan 6
www.bankhotel.se

Villa Dagmar
Es gibt viele Details: die vielen Bücher in der Lobby, das ausgesuchte skandinavische und italienische Interior Design, die freundlichen Mitarbeiter. Sie alle machen dieses vor gut zwei Jahren eröffnete Boutiquehotel im Stadtteil Östermalm liebenswert. Auf keinen Fall zu vergessen: das fantastische Brot, das dort selbst gebacken wird und einfach göttlich schmeckt. Die Architektur des Hauses wurde ursprünglich unter anderem durch die Villa San Michele auf Capri inspiriert, die dem schwedischen Arzt und Autor Axel Munthe gehörte und der auch einst hier an der Flaniermeile Nybrogatan lebte. Restaurant: ⬤⬤
Stockholm
Nybrogatan 25 – 27
www.hotelvilladagmar.com

Harö Natur
Gleich gegenüber der bekannteren Insel Sandhamn, wo jedes Jahr die große Ostseeregatta Gotland Runt endet, liegen die individuellen Unterkünfte von Staffan Boija und Oscar Sagefors. Alle haben – wie auch die kleine Sauna und der Hot Tub – Seeblick oder liegen direkt auf dem Wasser. Die Waschräume teilt man sich mit den anderen Gästen. ⬤⬤
Sandhamn
Gummerholmen 119
www.59north18east.com

Smådalarö Gård
Im Süden des Archipels, etwa 50 Minuten Autofahrt von Stockholm entfernt, liegt dieses Spa-Hotel mit Tennis- und Golfplatz und hochwertigen Pflegeprodukten auf den Zimmern. Das Gebäude gehörte Kapitän Carl Peter Blom, der 1802 auch einige der umliegenden Inseln kaufte. Nach ihm ist auch die Bar im Haus benannt. Für Segler, die einfach nur für einen Drink in der „Bloms Bar" oder ein Abendessen in der Brasserie kommen, gibt es einen eigenen Anlegesteg. Auf der Insel nebenan hat übrigens der Skype-Mitgründer und Hobbysegler Niklas Zennström ein Sommerhaus. ⬤⬤⬤⬤
Dalarö, Smådalarö Gård AB
www.smadalarogard.se

Café

Ingmarsö Bageri
Allein die Donuts mit Kardamom, Nüssen und warmer Apfelfüllung

Das Spa-Hotel „Smådalarö Gård" liegt nahe Tyresö, wo die Designerin Estrid Ericson ihr Sommerhaus hatte

sind den Weg auf die 150-Seelen-Insel im Norden des Archipels wert. Genauso wie die Pizza, das Sauerteigbrot und das selbst gebraute Bier. Das gibt es neben anderen handgemachten Produkten auch im Shop. Wer mit dem Boot unterwegs ist: Lina und Victor verkaufen manchmal auch Brötchen und im Sommer Erdbeeren an die Segler im nahen Hafen. Gäste, die länger bleiben möchten, buchen am besten frühzeitig die kleine Holzhütte mit Blick auf die Bucht. Wegen der Öffnungszeiten Instagram checken.

Ingmarsö
Båtdragsvägen 2
www.ingmarsobageri.com

Kultur

Nationalmuseum
Neben Arbeiten von schwedischen Malern wie Carl Larsson oder Anders Zorn gehören zu der rund 700 000 Werke umfassenden Sammlung auch Gemälde von Goya, Rubens, Degas oder Gauguin. Im Erdgeschoss gibt es eine Präsentation mit Design-Objekten vom 18. Jahrhundert bis heute. Im Februar 2024 starten die Ausstellungen über die norwegische Malerin Harriet Backer, Zeitgenossin von Edvard Munch, und den japanischen Textildesigner Akira Minagawa.
Stockholm, Södra Blasie-holmshamnen 2
www.nationalmuseum.se

Archipel Museum Bullerö
Das ehemalige Sommerhaus des Malers Bruno Liljefors zeigt nicht nur sein Atelier und einige Zeichnungen, es informiert auch über die Flora und Fauna in dem Naturschutzgebiet. Wer dort oder auf einem der

umliegenden Inselchen übernachten möchte, kann das zum Beispiel in einfachen Hütten tun. Ein schönes „Seglarhotell" liegt auf der Insel Sandhamn ein paar Kilometer nordöstlich, wo jedes Jahr die Regatta Gotland Runt endet.
www.bullero.se
www.sandhamn.com

Shopping

Svenskt Tenn
Das Geschäft liegt seit 1927 an der Promenade Strandvägen in Östermalm und zeigt im ersten Stock das original eingerichtete Atelier von Estrid Ericson. Neben den Verkaufsräumen auf zwei Etagen hat es außerdem ein kleines Café.
Stockholm, Strandvägen 5
www.svenskttenn.com

G.A.D
Eigentlich war Kristian Eriksson Berater in der IT-Branche. Als er keine Möbel fand, die seinen Ansprüchen genügten, begann er einfach, selbst welche zu entwerfen, und gründete 1997 mit seiner Frau Emilie Nygren dieses Einrichtungsgeschäft. Kalkstein aus seiner Heimat Gotland, Birke aus Finnland, Wolle aus Schweden: Fast alle Materialien stammen aus der Umgebung, und alle Produkte werden in der Manufaktur in Visby auf Gotland hergestellt.
Stockholm, Tegnérgatan 4
www.gad.se

Nordiska Galleriet 1912
In diesem Laden in Östermalm findet man neben einer schönen Mischung skandinavischer Möbel-Klassiker auch eine gute Buchabteilung zum Thema.
Stockholm, Nybrogatan 11
www.nordiskagalleriet.se

Zur Sammlung in der Hamngatan gehört neben Möbeln ein Porträt des Hallwyl-Enkels Rolf de Maré von Nils Dardel

Hallwylska Museet

Stockholm hat so viele Museen zu bieten, dass viele das fabelhafte Wohnhaus des illustren Sammler-Ehepaars Wilhelmina und Walther von Hallwyl übersehen. Der „Palast" wurde 1898 nahe der Bucht Nybroviken und dem Königlichen Dramatischen Theater erbaut und von Anfang an als Museum geplant. Die Hallwyls sammelten neben Kunst (darunter Werke von Lucas Cranach dem Älteren und Frans Hals) auch Porzellan, Degen und Ritterrüstungen, ließen sich eine Kegelbahn bauen und besaßen eines der

modernsten Badezimmer ihrer Zeit. Seit 1938 sind die Wohn- und Ausstellungsräume der Öffentlichkeit zugänglich. Man kann sie auf eigene Faust entdecken – das freundliche Personal beantwortet gern Fragen – oder man macht samstags eine Tour mit (auf Englisch). Im Lichthof befindet sich ein hübsch begrüntes Restaurant mit Brunnen und Cocktailbar (vor dem Besuch lieber die Öffnungszeiten prüfen). In der Weihnachtszeit kann man dort besondere skandinavische Menüs genießen.
Stockholm, Hamngatan 4
www.hallwylskamuseet.se
www.hallwylskarestaurang.com

FOTOS: MAGNUS MÅRDING, SMÅDALARÖ GÅRD, JENS MOHR/HALLWYLSKA MUSEET, CISION/HALLWYLSKA MUSEET, SILVIA TYBURSKI

11
BERLIN

Neuer Foto-Hotspot in der Hauptstadt: die Fotografiska am Oranienburger Tor

Tacheles reloaded

Antje Wewer hat für MERIAN die neue Fotografiska besucht. Eine wehmütige und skeptische Annäherung

Ich war ziemlich sicher, dass ich das neue, profit-orientierte Foto-zentrum im alten, heiß geliebten Tacheles nicht mögen werde. Das Tacheles, diese rund um die Uhr für alle geöffnete Kaufhaus-Ruine, war ein Symbol der Nachwende-Untergrundkultur. Seine Außen-mauern stehen noch, aber gut zehn Jahre nach der Räumung der letzten Ateliers weht dort, auf 5500 Quadratmetern, nun ein anderer Wind. Fotografiska ist ein schwedisches Konzept – weder Museum noch Galerie, hat aber von beidem etwas. Die Archi-tekten von Herzog & de Meuron haben das Ensemble umgestaltet und ziemlich schick gemacht. Im Erdgeschoss befinden sich nun eine Bar, die hauseigene Bäckerei und ein Museumsshop. Und im Dachgeschoss kommt das Fine-Dining-Restaurant „Verōnika" dazu. Aber vor allem geht es hier jetzt um Fotokunst: Es sind immer verschiedene Aus-stellungen zu sehen, noch bis zum 21. Januar 2024 „Nude" – 30 Künstler aus 20 Ländern, gut kuratiert und gehängt. Auf dem Weg nach dort oben habe ich an den Wänden im Treppenhaus die alten Graffitis gesehen, die sind geblieben. Und immerhin bis 23 Uhr ist täglich geöffnet. Alles in allem muss ich gestehen: Der Besuch hat Spaß gemacht. Und dieses neue Tacheles passt zu Berlins Mitte, wo eigentlich jeder Winkel erschlossen ist und dann doch immer noch viele gute neue Läden eröffnen – siehe rechts.

Oranienburger Str. 54
www.fotografiska.com

Hotel

Telegraphenamt

Das neue Hotel von Bor-chardt-Besitzer Roland Mary füllt das ehemalige Haupttelegrafenamt von Mitte mit Leben. Das imposante Haus mit 97 Zimmern und Blick auf den Monbijoupark liegt ganz nah an der Museumsinsel. Wer nur einen Eindruck möchte, besucht das Restaurant „Root". Dort wird eine internationale Küche ser-viert, etwa sehr gutes Su-shi mit regionalem Fisch.

Monbijoustr. 11
www.telegraphenamt.com

Restaurant

Trio

Früher sind wir nach der Volksbühne ins Restau-rant „Drei" gegangen, heute sitzen wir gerne im „Trio". Der gebürtige Berliner Vadim Otto Ursus gehört zu dem Trio, das dort im März 2023 eine deutsche Kneipe mit Stil eröffnet hat. Auf der Karte stehen Linseneintopf, Backhendl und Eier in Senfsauce. Der Wein kommt von deutschen Winzern, das Bier vom Fass. Reservie-ren ist besser, aber an der langen Theke findet sich meist auch last minute ein Platz.

Linienstr. 13
www.trioberlin.net

Shopping

International Wardrobe

Wenn ich in Mitte Sehn-sucht nach der weiten Welt habe, schaue ich bei Katharina Koppenwallner vorbei. In ihrer Boutique verkauft die Kunsthis-torikerin und Stylistin Trachten und Textilarbei-ten aus der ganzen Welt: Krama-Baumwollschals der Khmer aus Kam-bodscha, Taschen aus Guatemala, Keramik aus Bulgarien, handbestickte Kissen, Jacken und Rö-cke aus Transsilvanien. Weite Welt zum Anziehen sozusagen.

Almstadtstr. 50
www.international-wardrobe.com

Sofi Bakery

Seit 2021 befindet sich in den Sophie-Gips-Höfen eine der angesagtesten Bäckereien der Stadt: die „Sofi Bakery" des Dänen Frederik Bille Brahe. In der offenen Backstube werden Sauerteigbrot, Schoko-Miso-Kekse, mit Mandelcreme und Brom-beermarmelade gefüllte Sauerteigcroissants und die beliebten „Morning Buns" aus Croissant-Teig mit Orange, Kardamom und Zimt gebacken. Schlange stehen mit ein-planen!

Sophie-Gips-Höfe
Sophienstr. 21
www.sofiberlin.com

Schick: die Bar im Hotel „Telegraphenamt"

FOTOS: SAXON BAIRD, MARKUS JANS

Die Sint Servaasbrug führt über die Maas in die Altstadt, sie gilt als älteste Brücke des Landes

Hotels

Kruisherenhotel
Luxuriöses Designhotel mit 60 Zimmern im ehemaligen Kreuzherrenkloster aus dem 15. Jahrhundert – fünf Minuten zu Fuß vom zentralen Vrijthof.
Kruiserengang 19/23
www.kruiserenhotel.nl

Cousins Boutique Hotel
In einer einstigen Hutfabrik, die ebenfalls sehr zentral liegt, haben zwei Cousins das kleine Hotel mit sieben individuellen Zimmern eröffnet.
Capucijnengang 12, www. cousinsboutiquehotel.com

Restaurants

Beluga Loves You
Fine Dining in entspannter Atmosphäre: Das Restaurant an der Maas ist schlicht-stylish eingerichtet, alles konzentriert sich auf die Menüs aus besten Zutaten.
🔶🔶🔶🔸
Plein 1992 12
www.belugalovesyou.com

Friet Elite
Gegenüber dem Kaufhaus De Bijenkorf gibt es selten gute Pommes: mit Trüffel und Parmesan oder mit Rinderragout und Apfelkompott.
Achter Het Vleeshuis 7

Bar

Bold
Maastricht gilt als älteste Industriestadt der Niederlande, nördlich des Zentrums werden im „Sphinxkwartier" alte Fabrikgebäude kreativ umgenutzt. Der Weg dorthin lohnt sich alleine schon wegen der Rooftop-Bar „Bold" und des Blicks über die Stadt.
Sphinxcour 9A
www.boldrooftopbar.com

Shopping

Dominicanen
Einen besseren Auftritt als in dieser Buchhandlung, die 2006 in die alte Dominikanerkirche im Zentrum einzog, hat die Literatur selten.
Dominicanerkerkstraat 1

Feines Fast Food: Pommes mit Rinderragout bei „Friet Elite"

Ein Fest für Sammler

Die TEFAF ist eine der größten Kunstmessen der Welt – und ihr Schauplatz eine niederländische Perle

Wenn im März „The European Fine Art Foundation", kurz TEFAF, an die Maas kommt, ist das in der ganzen Stadt im äußersten Süden der Niederlande zu spüren. Die Kunstmesse findet nicht nur im Messe- und Kongresszentrum südöstlich der Innenstadt statt, sie strahlt auch an viele andere Orte in Maastricht aus. Was 1975 mit 28 Ausstellern begann, ist über die Jahrzehnte zu einer der größten und wichtigsten Kunstmessen der Welt herangewachsen. Inzwischen findet auch in New York im Mai eine TEFAF statt. Mehr als 260 Händler aus rund 20 Ländern bieten ihre Schätze an, deren Echtheit von verschiedenen Experten überprüft wird. Nicht wenige Besucher reisen mit dem Privatjet an, insgesamt kommen an acht Messetagen um die 70 000 Gäste aus aller Welt – in eine Stadt mit etwas mehr als 120 000 Einwohnern. Hotels, Restaurants, Museen, Galerien, Geschäfte, Gassen und Plätze: Sie alle füllen sich an den TEFAF-Tagen mit vielen kunstaffinen Gästen. Die Messe selbst konzentrierte sich anfangs auf Alte Meister, Antiquitäten und antike Kunst. Diese sind dort nach wie vor zahlreich ausgestellt. Das Angebot ist aber heute wesentlich breiter, es gibt auch moderne und zeitgenössische Kunst, Fotografie, Design und Schmuck zu sehen. Und viele der Stände sind für sich schon Kunstwerke. In den ersten beiden Tagen sind Händler, Sammler und Vertreter von Museen unter sich, danach ist das gesamte kunstinteressierte Publikum willkommen – muss sich aber strengen Sicherheitschecks unterziehen. 2022 wurden auf der TEFAF Juwelen geraubt – nicht zum ersten Mal. TINKA DIPPEL

9. bis 14. März 2024, www.tefaf.com

Ecken und Kanten haben die zwei
Städte jede Menge. Aus gutem Grund
sind sie auf manche mächtig stolz

13

SAN DIEGO &
TIJUANA

Tijuanas Culinary Art School ist eine absolute
Architektur-Perle. Ihr schnörkelloser Bau besteht
aus Beton, Stahl, Glas und viel Garapa-Holz

Es dauert keine fünf Minuten, bis Carlos de la Mora einen Wildfremden in seine Heimat einlädt. Obwohl er in diesem Fall weniger fragt als befiehlt, sobald er hört, dass man es selbst bisher leider noch nicht in seinen Winkel der Welt geschafft hat. „Dieser Fehler gehört korrigiert", sagt der 52-jährige Architekt. „Du musst kommen."

Carlos de la Mora ist ein Mann mit einer Mission. Die da lautet: Die Welt nach San Diego und Tijuana holen, jene beiden Städte, die von der Grenze zwischen den USA und Mexiko geteilt werden, aber mit rund 6,4 Millionen Einwohnern zusammen die elftgrößte Metropolregion Nordamerikas bilden. De la Moras Geheimwaffe: der Titel als World Design Capital, den San Diego und Tijuana 2024 gemeinsam tragen werden. Seit 2008 verleiht die World Design Organization alle zwei Jahre diese Auszeichnung, sie hat schon dem Tourismus in Städten wie Helsinki und Valencia einen Schub gegeben. Carlos de la Mora ist CEO der Welt-Design-Hauptstadt San Diego und Tijuana, mit seinem Team plant er die Events und Kooperationen des nächsten Jahres – und er weiß natürlich, dass bisher keine der beiden Städte *on the beaten track* klassischer USA- oder Mexiko-Reisender liegt. San Diego im Süden Kaliforniens ist noch am bekanntesten für seinen Zoo, Tijuana ist Amerikas Ballermann, ein legendäres Spring-Break-Ziel, berüchtigt für Exzess und Ekstase.

Das ist nicht, was Carlos de la Mora in den beiden Schwesterstädten sieht. „Sehr divers, sehr inklusiv, sehr reich an Kunst, Kultur und Kulinarik" sind sie für ihn, „ein magischer Ort". Und das ist er für den CEO trotz dieser ungerechten Grenze, die es zwar amerikanischen Bürgern erlaubt, ohne Probleme nach Mexiko einzureisen, aber nicht andersrum. „Diesen Ort gab es schon Tausende Jahre vor der Grenze", sagt er, „bevor eine Gruppe Menschen diese künstliche Linie der Trennung zog, die aber gleichzeitig eine Chance zur Zusammenkunft bietet."

Ziemlich beste Nachbarn

Vorhang auf für die World Design Capital! Oder wie Carlos de la Mora sie beschreibt: „ein Spotlight", um zu beleuchten, was in den Schlagzeilen über beide Städte oft zu kurz kommt. „Nächstes Jahr werden wir ein Programm bieten, das attraktiv genug ist, um Gäste aus der ganzen Welt zu begrüßen." Die Eckpfeiler sind sieben sogenannte „Signature Events". Manche von ihnen, wie etwa die Konferenz über Design-Politik, sind nur für Brancheninsider interessant, andere richten sich an designaffine Einheimische und Besucher. So wie das Design Street Festival im April 2024 oder die Design Experience, die im September in Kooperation mit der San Diego Design Week stattfindet. Im Rahmen des Design Spotlights sollen internationale Designer in der Grenzregion über ihre Arbeit sprechen. Viel mehr kann Carlos de la Mora

Architekt Carlos de la Mora arbeitete schon als Maler, Videokünstler und im Hotelwesen. Jetzt ist er CEO der World Design Capital

Grenzenlos genial

San Diego und Tijuana liegen in zwei grundverschiedenen Ländern, trotzdem teilen sich die beiden Nachbarn 2024 den Titel als World Design Capital. Ihr Ziel: zusammenwachsen und gemeinsam die Welt für sich begeistern

VON KALLE HARBERG

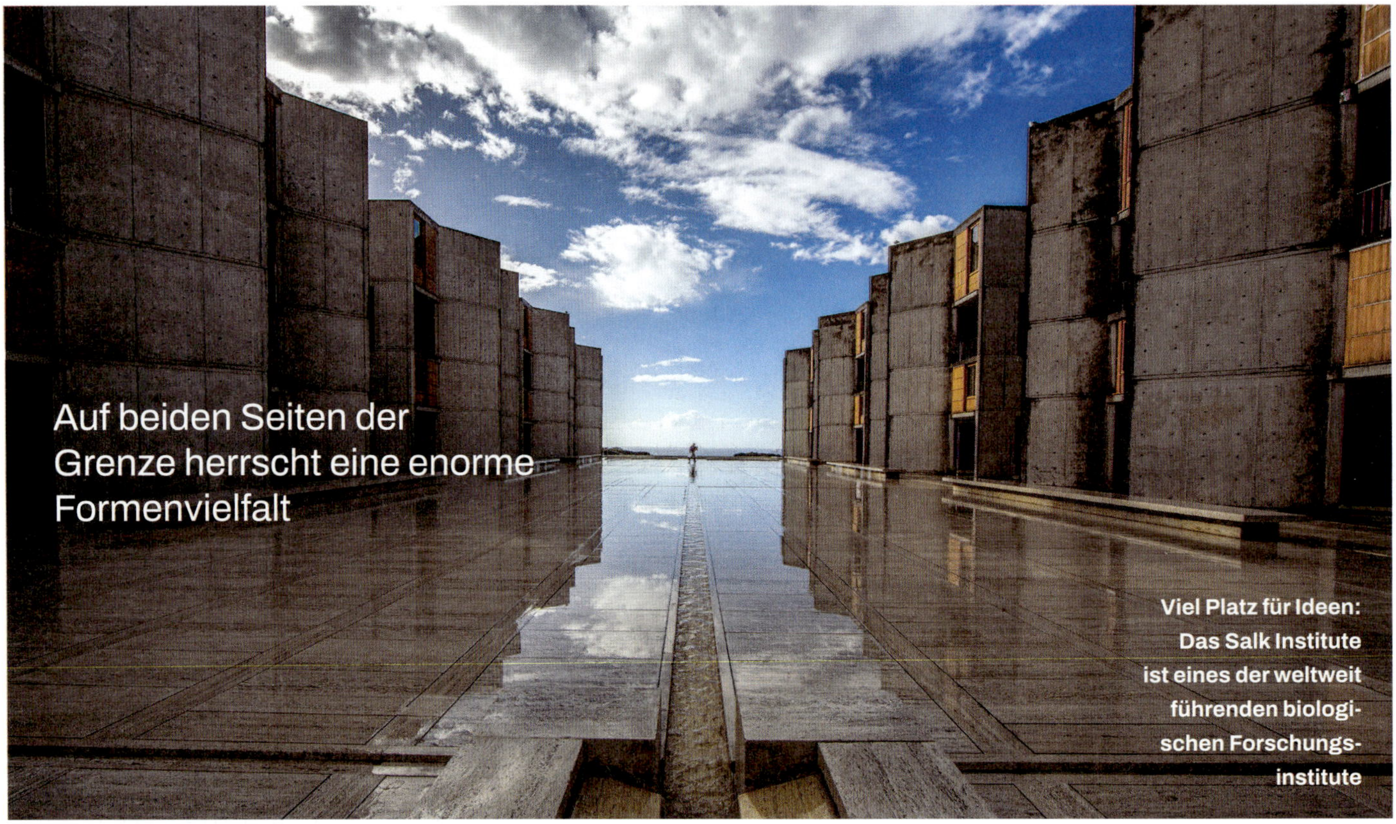

Auf beiden Seiten der Grenze herrscht eine enorme Formenvielfalt

Viel Platz für Ideen: Das Salk Institute ist eines der weltweit führenden biologischen Forschungsinstitute

FOTOS: SALK INSTITUTE, SAN DIEGO TOURISM AUTHORITY, ROBERT BRIGGS/SHUTTERSTOCK, MINGEI INTERNATIONAL MUSEUM

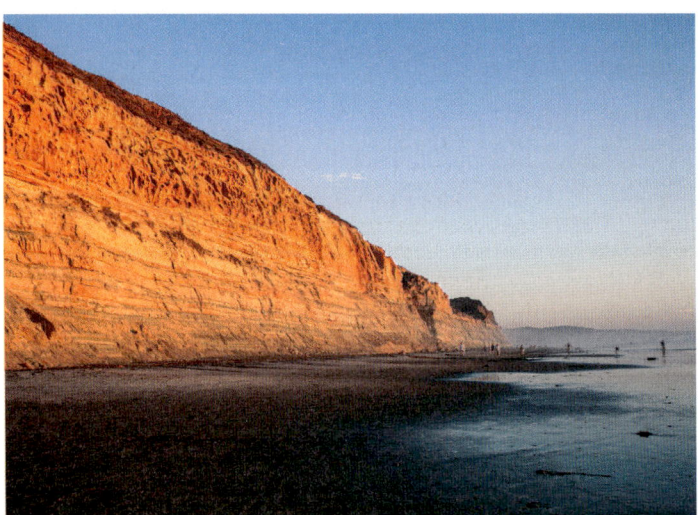

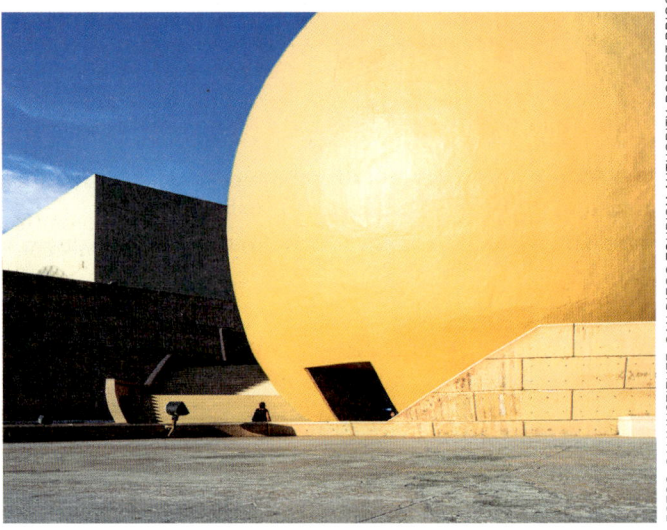

Natürliche und konstruierte Hingucker: die Küste im Schutzgebiet Torrey Pines und CECUT mit dem „La Bola" genannten Imax

leider nicht verraten, am Programm wird fieberhaft gearbeitet, nur einen Namen lässt er fallen: Da Stararchitekt Sir Norman Foster einen neuen Flügel für das San Diego Museum of Art entwerfen soll, ist eine Ausstellung über seine Arbeit in Planung, vielleicht auch eine Rede vom Pritzker-Preisträger.

Deutlich mehr darf Carlos de la Mora erzählen, wenn es um die geplanten Locations der World Design Capital geht. Wer nur eine Handvoll der mehr als hundert Events besucht, dürfte als Nebeneffekt viele Architekturperlen beider Städte zu sehen bekommen. Auf der US-Seite soll das Mingei International Museum für Volkskunst und Kunsthandwerk genauso zum Line-up gehören wie das Salk Institute for Biological Studies der Universität – ein umwerfender Brutalismus-Bau, der sich symmetrisch um einen auf den Pazifik zulaufenden Hof schmiegt. Auf der Seite Tijuanas werden die durch ihre klaren Linien bestechende Culinary Art School, die allererste in Nordwest-Mexiko, und das Kulturzentrum CECUT mit seinem 360-Grad-Imax – besser bekannt als „La Bola" – wichtige Rollen spielen. Zum Konzept gehört

aber auch, kleine Veranstaltungsorte wie das Open-Air-Kino Antigua Cine Bujazán hervorzuheben, das de la Mora ins Schwärmen bringt. „Eigentlich sollte es gar nicht outdoor sein, jetzt hat es halt kein Dach mehr, es ist fantastisch." Das Kino ist ein perfektes Beispiel für das charakteristische Design der Grenzregion. „Bei der Nutzung von Räumen sind Widerstandsfähigkeit und Neuerfindung hier sehr präsent."

Brillante Produkte, bilaterale Touren

Dass Design mehr ist, als nur geniale Architektur, soll im Rahmen der World Design Capital ebenfalls nicht zu kurz kommen. Das AIGA San Diego, ein Verbund professioneller Designer, hat dazu mehr als 170 Erfolgsgeschichten gesammelt – zum Beispiel über das in der Stadt beheimatete Unternehmen Qualcomm, dessen Chips sich in so gut wie jedem Smartphone finden, oder über die DNA-Sequenzierung, zu der hier an der University of California geforscht wird. Ein Straßenfest auf Tijuanas Avenida Revolución ist für 2024 ebenso geplant wie der Bau einer bilateralen, elf Kilometer langen Rundstrecke für Fahrradfahrer, die, soweit Carlos de la Mora weiß, weltweit die einzige ihrer Art wäre.

Wenn der CEO über Design spricht, dann klingt es nicht nur wie ein gestalterisches Element, sondern wie ein integraler Baustein einer Lebensphilosophie. Die Musik der Grenzregion zum Beispiel, sagt Carlos de la Mora, sei ein gutes Beispiel für ihre Innovationskraft – ein Konzert auf der 2021 eröffneten Open-Air-Bühne Rady Shell, die wie ein kleines Sydney Opera House ebenfalls direkt am Meer liegt, ist für jeden Besucher Pflicht. Und weil Carlos de la Mora das alles mit aufrichtiger Begeisterung erzählt, stört man sich nicht an einer Extraportion Pathos, sondern möchte am liebsten gleich seine Einladung für einen Besuch annehmen, wenn er schließlich resümiert: „Musik, Sport, Essen, diese drei verbinden uns, egal wer du bist, wo du lebst, wie viel Geld du verdienst. Und um die Fülle dieser Region zu zeigen, werden wir uns auch die drei durch die Linse des Designs anschauen."

Design

World Design Capital

Es ist das erste Mal, dass mit San Diego und Tijuana zwei benachbarte Städte sich den Titel teilen werden – noch dazu zwei, die von einer Grenze geteilt werden. Details zu den mehr als 100 geplanten Events werden sich ab Ende des Jahres auf der offiziellen Website finden lassen. Die Tijuana Design Week im April und San Diegos Pendant im September sind die besten Reisefenster. Besucher sollten sich aber unbedingt auch bewusst sein: Tijuana gilt aufgrund seiner hohen Kriminalität als eine der gefährlichsten Städte der Welt – Vorsicht ist beim Trip über die Grenze also ein guter Reisebegleiter.

www.wdc2024.org

San Diego

Hotel del Coronado

Aufgrund der mitunter angespannten Lage auf der mexikanischen Seite, mag es ratsam sein, sein Quartier in San Diego aufzuschlagen. In der Stadt gibt es keine legendärere Unterkunft als dieses Hotel. Das Vier-Sterne-Haus von 1888, das als Kulisse in „Manche mögen's heiß" mit Marilyn Monroe diente, besticht mit seinen süßen Türmchen und seiner tollen Lage am Strand. In dem Hotel kann es ganz schön trubelig werden – einchecken lohnt sich trotzdem allemal.

Coronado, 1500 Orange Ave., www.hoteldel.com

Rady Shell

Obwohl sie erst im Sommer 2021 eröffnete, also mitten während der Corona-Pandemie, hat sich die Konzertbühne im Jacobs Park rasend schnell zu einem Wahrzeichen der Stadt entwickelt. Im Sommer ist sie die Heimat des San Diego Sinfonieorchesters, jeden Abend gibt es Events, aber nicht nur Konzerte klassischer Musik, sondern auch Gigs internationaler Stars wie Norah Jones. Bis zu 10 000 Besucher haben vor der wunderschönen Muschel Platz, besonders beliebt sind die kostenlos zugänglichen Orchesterproben.

222 Marina Park Way
www.theshell.org

San Diego Museum of Art

Als Heimat „der weltbesten Kunst in der besten Stadt Amerikas" preist San Diegos offizielle Website das älteste Kunstmuseum der Region. Ein wenig hoch gegriffen, was nicht heißen soll, dass das 1926 eröffnete Museum keine starke Sammlung zu bieten hätte. Besonders die Kollektion spanischer Meister – Goya, Ribera, El Greco – sticht aus der 20 000 Werke umfassenden Sammlung des Museums heraus.

1450 El Prado
www.sdmart.org

Tijuana

CECUT

Die erdfarbene Fassade des 360-Grad-Kinos sieht aus, als hätte ein gigantischer Mistkäfer sein Meisterwerk vollbracht – was das unglaubliche Erlebnis in diesem Imax in keinerlei Weise abwerten soll. Neben dem Kino gehört zu dem Kulturkomplex auch das Museo de las Californias, ein Aquarium, ein Botanischer Garten und eine riesige Promenade für Events und Festivals.

Paseo de los Héroes 9350
www.cecut.gob.mx

Culinary Art School

Der Stellenwert des 20 Jahre alten Instituts lässt sich kaum hoch genug einschätzen – seine Absolventen arbeiten als Köche in mehr als einem Dutzend Ländern und haben Mexikos Nordwesten zum Foodie-Ziel gemacht. Es gibt dreiwöchige Kochkurse, die auch für Besucher interessant sind, im neuen Brecha-Bau findet sich das Café „Viajando con el sol", auch ein Restaurant und ein Boutiquehotel sollen einziehen.

Paseo del Río 7126, www. culinaryartschool.edu.mx

Workshops, Werkstattbesuche, Ausstellungen: Die San Diego Design Week bietet fünf Tage lang Events

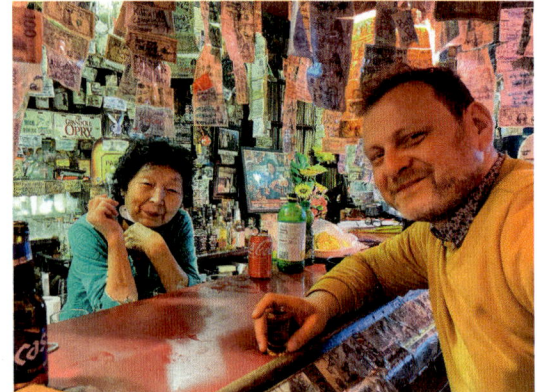

Sören Kittel, hier mit Mama Kim in der Bar „Grand Ole Opry“, hat über seine Erlebnisse in Südkorea ein Buch geschrieben: „An guten Tagen siehst du den Norden“ (Dumont)

An Südkoreas südlichster Südspitze taucht im Jahr 749 ein Schiff auf, von dem man sich noch über ein Jahrtausend später erzählen wird. Solange die Menschen es anschauen, bleibt es in der Ferne und bewegt sich nicht. Wenn sie sich darauf zubewegen, weicht es zurück. Wenn sie sich umdrehen und zurück ins Dorf gehen, kommt es immer näher. Es sieht menschenleer aus – ein Geisterschiff.

Diese Geschichte habe ich einmal in Südkorea gehört, in einem Dorf namens Ttangkkeut (sprich etwa: Tangkett), das ist Koreanisch für „das Ende der Welt“. Es liegt ganz an der südlichsten Spitze der Halbinsel, die doch für die Menschen hier eigentlich eine Insel ist. Denn im Norden liegt die gefährliche Grenze zum Nachbarland Nordkorea, im Westen die Supermacht China und im Osten Japan, der Nachbar, mit dem es immer Probleme gab. Südkoreanern bleibt nur das Schiff oder das Flugzeug, um in die Welt zu reisen, dabei gibt es theoretisch eine Landverbindung bis nach Berlin. Sie bezeichnen ihr Land gern als Shrimp zwischen zwei Walen.

Wenn ich mit Freunden über Südkorea spreche, muss ich vor allem von Seoul erzählen, dieser seltsamen Stadt voller Wolkenkratzer und voller Cafés, die Hunderte Kaffee-Varianten anbieten. Schließlich ist Seoul die Stadt, die sich in den letzten Jahrzehnten so schnell entwickelt hat wie wohl keine zweite auf dem Planeten. Lebten in den sechziger Jahren noch etwa drei Millionen Menschen hier, sind es heute rund zehn. Insgesamt wohnen im Großraum Seoul etwa die Hälfte der fast 52 Millionen Südkoreaner. In einer Stadt, in der sich alle über 60 noch an Plumpsklos erinnern, gibt es heute ➢

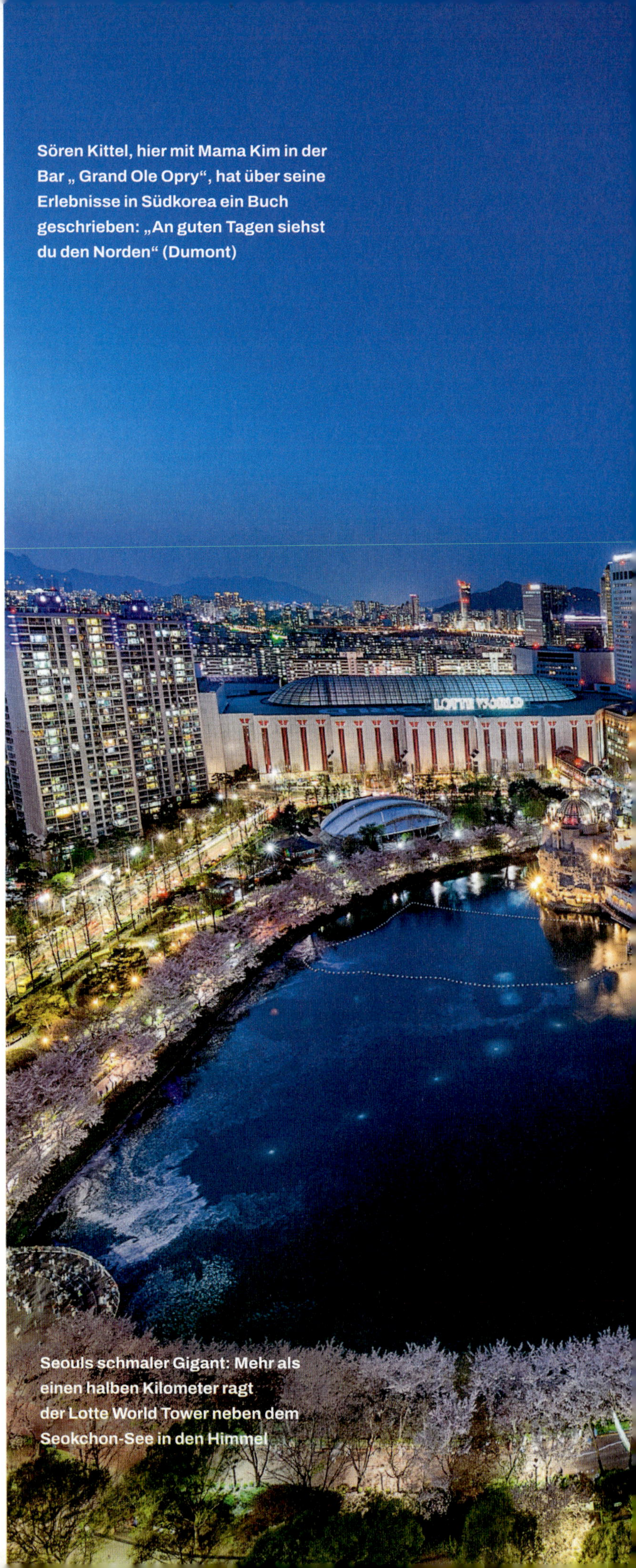

Seouls schmaler Gigant: Mehr als einen halben Kilometer ragt der Lotte World Tower neben dem Seokchon-See in den Himmel

FOTOS: YOO GYEJEONG/KOREA TOURISM ORGANIZATION (GR.), SÖREN KITTEL

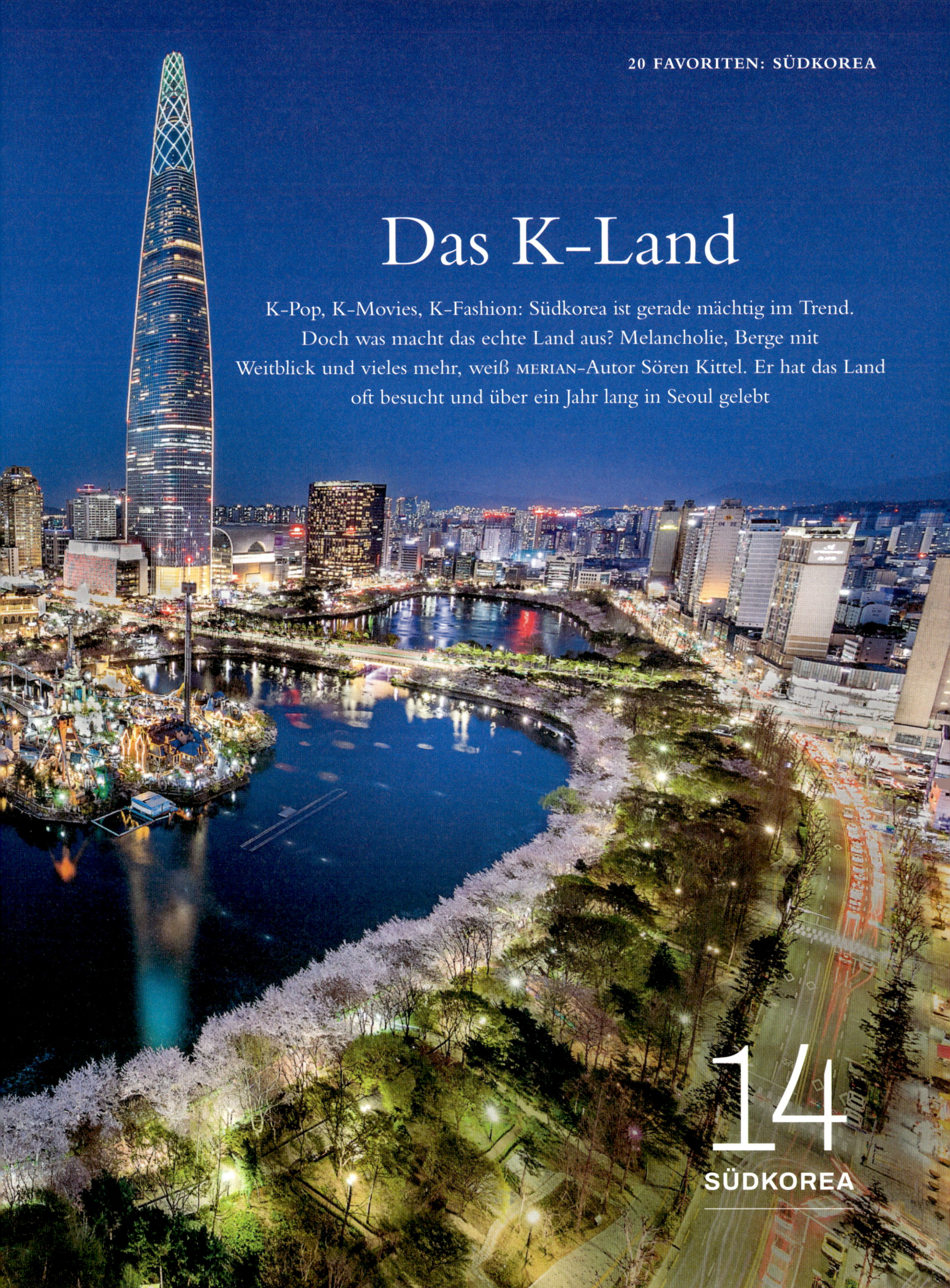

Das K-Land

K-Pop, K-Movies, K-Fashion: Südkorea ist gerade mächtig im Trend.
Doch was macht das echte Land aus? Melancholie, Berge mit
Weitblick und vieles mehr, weiß MERIAN-Autor Sören Kittel. Er hat das Land
oft besucht und über ein Jahr lang in Seoul gelebt

14
SÜDKOREA

in nahezu jeder U-Bahn-Station saubere öffentliche Toiletten.

Darüber hinaus ist Seoul zum großen Trendmagneten geworden. Seit „Squid Game" sind die Hochhäuser der Stadt sehr viel mehr Menschen bekannt – keine andere Serie wurde bei ihrem Start auf Netflix bisher öfter gesehen. Der Oscar-Gewinner „Parasite" wiederum porträtiert das Leben von Superreichen in den Hügeln. Und wenn die Band „Ateez" nach Berlin kommt, dann füllen sie an zwei Tagen hintereinander die Mercedes-Benz Arena. Auch jenseits von K-Drama, K-Movies und K-Pop haben sich inzwischen viele Branchen nach Südkorea aufgemacht, um keinen Trend zu verpassen: K-Beauty, K-Fashion und vor allem K-Food ist in aller Munde.

Aber wenn ich selbst an Südkorea denke, dann eben zuerst an dieses Schiff, das zwar sichtbar ist, sich aber Fremden gegenüber als wenig zugänglich präsentiert. Das Land hat sich zwar längst der Welt geöffnet, etwa durch die Olympischen Sommerspiele 1988, zwei Weltausstellungen und die Fußball-WM 2002. Aber es braucht nach wie vor Zeit und Geduld, um das Land jenseits der Trends kennenzulernen.

Das war bei mir nicht anders. Deswegen möchte ich Sie zu fünf Orten mitnehmen, durch die sich mir dieses Land gut erschlossen hat. Der erste Ort ist selbst im Hochsommer düster-schummrig. Am Rand des Ausgehviertels Itaewon in Seoul liegt die Bar von Mama Kim, die sie mit ihrem Ehemann aufgemacht hat und mehr als vierzig Jahre gemeinsam führte. Das „Grand Ole Opry" ist nach einer Bar in Nashville benannt und hat sieben Tage die Woche geöffnet. Früher machte ihr Ehemann das legendärste Chili in ganz Seoul, erzählt Mama Kim, doch er ist vor einigen Jahren gestorben. Sie ist längst jenseits der 75 Jahre, aber sie denkt nicht ans Aufhören. Das Besondere am „Grand Ole Opry" ist, dass hier bis vor

Kurzem nur US-Soldaten bedient werden durften, Koreaner nicht. Das hat mit einer sehr speziellen Ausschank-Lizenz zu tun, Hauptkunden waren die rund 30000 in Seoul stationierten US-Soldaten. Jetzt ist die Militärbasis aus der Innenstadt weggezogen, inzwischen dürfen hier alle trinken. Überall in der Bar hängen 1-Dollar-Scheine, auf denen sich Stammgäste verewigt haben – gewissermaßen ein Versprechen, dass sie zurückkommen. Mama Kim spielt noch immer einmal am Abend die US-Nationalhymne, weil sie froh ist, dass die US-Soldaten „uns die Nordkoreaner vom Hals halten".

Eine Insel voller Gefühle

Auf den Konflikt mit dem nördlichen Nachbarn treffen Gäste in Südkorea überall. Mit Deutschen sprechen die Leute besonders gern darüber. Ihr habt die Wiedervereinigung geschafft, sagen sie dann. Überhaupt sind die Freizeitgewohnheiten in Deutschland und Südkorea ähnlich: wandern, saunieren. Und dazu dann diese bestimmte Melancholie, die selbst Koreaner schwer in Worte fassen können. Sie heißt „Han" und bezeichnet eine Art Weltschmerz, wie eine große Liebe, die für immer unerwidert bleibt.

Ein Ort, wo sich dieses Gefühl fast von selbst einstelle, sei die Insel Nami. Ungefähr eine Stunde dauert die Reise zu dieser Flussinsel von Seoul aus. Auf ihr versammelt sich vieles, was an Südkorea großartig und anstrengend zugleich ist. So wurde sie zum Touristenort ausgebaut und ist eigentlich ganzjährig gut von Inlandstouristen bevölkert. Doch die Massen verlaufen sich schon direkt nach der Ankunft. Die zahlreichen Selfie-Spots sind so angelegt, dass sich niemand in die Quere kommt. Es gibt kleine Cafés und romantische Alleen, über die pittoresk im Herbst gelbe Blätter wehen. Bekannt wurde die Insel durch die koreanische Serie „Winter Sonata", die von einem jungen Liebespaar handelt, das im Winter nach Nami Island fährt und dort den ersten Kuss erlebt. Die beiden sind als Statuen verewigt, direkt an ➤

Schildermeer in Seoul: Myeongdong ist ein beliebtes Viertel zum Shoppen und Flanieren

4 Orte, die man in Seoul besucht haben sollte:

Lotte World Tower

1 Der 555 Meter hohe Turm ist eines der höchsten Gebäude der Welt und birgt unter anderem ein Fünf-Sterne-Hotel mit über 1000 Zimmern und in der Spitze das „Seoul Sky" mit Café, Terrasse und einer Aussichtsplattform mit Glasboden.
www.lottehotel.com
https://seoulsky.lotteworld.com

Starfield Library

2 Wirkungsvoll werden in der 2017 im gehobenen Gangnam-Viertel eröffneten Bibliothek mehr als 50 000 Bücher und 400 Magazintitel präsentiert. Die Halle mit 13 Meter hohen Bücherregalen ist riesig, dennoch breitet sich in ihr eine eher andächtige Stimmung aus.
www.starfield.co.kr

Woo Lae Oak

3 Zu jedem Seoul-Besuch sollten auch kulinarische Erlebnisse gehören – etwa ein Besuch in diesem Restaurant, das seit 1946 vor allem Naengmyeon-Nudeln anbietet. Das typische Gericht aus Nordkorea besteht aus einer eiskalten Suppe mit Buchweizennudeln, auf die Rindfleisch, Chili, Ei, Kimchi und Rettich gelegt werden.
62-29 Changgyeonggung-ro, Jung-gu

Seunggasa-Tempel

4 Ein Wanderweg führt im Norden von Seoul in den Bukhansan-Nationalpark und hinauf zu diesem Tempel, der zu den schönsten in Seoul gehört. Die Aussicht über die Metropole ist atemberaubend.

FOTO: CAIT ELLIS/UNSPLASH

Abseits der Metropolen und ihren Trends
wird es ruhig – und steil: Südkorea ist ein Land der Berge

Südkorea ist größtenteils gebirgig. Ausgebaute Wanderwege führen hinauf zu Gipfeln wie diesen im Seoraksan-Nationalpark

Romantik auf Koreanisch: Felseninsel im Daewangam Park an der Ostküste, Herbststimmung mit Mammutbäumen bei Damyang

dem Ort, wo die Szene gedreht wurde. Diese Art, Fiktion in die Realität zu heben, findet sich in Südkorea immer wieder.

Noch besser als zurück nach Seoul zu fahren ist es aber, gleich weiter nach Osten zu reisen und das Gebirge um den Seoraksan zu besuchen. Wanderwege sind in diesem Land meist exzellent ausgebaut. An manchen steht sogar ein kleines Holzhäuschen, in dem jemand sitzt, der vor dem Gipfelanstieg die Schuhe begutachtet. Wer in Turnschuhen kommt, wird weggeschickt.

Wer die malerischen Gipfel hingegen besteigt, kann oben an guten Tagen bis an die Ostküste und weit ins nordkoreanische Gebirge schauen. Rund drei Viertel von Südkorea sind gebirgig. Der mythische Ort, von dem alle Koreaner abstammen sollen, ist allerdings der Paektusan. Und der liegt nun mal in Nordkorea – für viele Menschen in Südkorea eine Quelle von „Han".

Es ist kein Wunder, dass sich als inoffizielles Nationallied „Arirang" durchgesetzt hat, ein volkstümliches Lied über einen Mann, der zusammen mit seiner Frau in einem Haus in den Bergen lebt. Es gibt verschiedene Versionen des mehr als 600 Jahre alten Liedes, in manchen stirbt der Mann, der besungen wird, in manchen ist er nur verschollen. Was bleibt, ist immer eine Frau, die vergeblich auf ihren Liebsten wartet.

Die verdrängte Vergangenheit

Wie ein Gegenmittel gegen all diesen Weltschmerz wirkt Jeju. Alle paar Minuten verlässt ein Flugzeug Seoul mit dem Ziel dieser subtropischen Ferieninsel. Das Wetter ist ganzjährig besser als auf dem Festland, und während der Pandemie haben sich viele Hauptstädter ganz auf diese Insel zurückgezogen. Die Straßen sind perfekt ausgebaut und wenig befahren. An fast jeder Kreuzung findet man eine Sehenswürdigkeit: Kunstgalerien, Restaurants, Wasserfälle.

Doch einer der interessantesten Orte auf der Insel wird kaum beworben: das Museum des Jeju-Aufstands. Es liegt idyllisch mitten im Wald, man könnte auch sagen versteckt. Wer das Museum betritt, traut seinen Augen kaum, denn es erzählt eine Geschichte, die in der Schule nicht gelehrt wird: Im Jahr 1948 war eine Militärdiktatur in Seoul an der Macht, die Grenze zu Nordkorea war noch frisch, und auf der kleinen Insel Jeju wurde ein Junge von einem berittenen Polizisten getötet. Ob das ein Unfall war oder nicht, wurde nie geklärt, aber es führte zu einem Aufstand, der vom Militär brutal niedergeschlagen wurde. 27 000 Tote soll es gegeben haben, Einwohner der Insel haben 140 000 gezählt. Von 400 Dörfern wurden damals 270 komplett zerstört und zum großen Teil nie wieder aufgebaut.

Kaum jemand weiß in Seoul von diesem Ort und dem Aufstand. Die Geschichtsschreibung begann in Südkorea nach dem Ende der letzten Diktatur 1987 im Grunde von Neuem. Geblieben ist der große Wille der Bevölkerung, zu demonstrieren. Als Präsidentin Park Geun-Hye im Jahr 2017 ihres Amtes enthoben wurde, geschah das erst, nachdem Millionen Menschen in Seoul auf die Straße gegangen waren. Bis heute finden fast täglich Demonstrationen statt. Die Menschen wählen häufiger einen konservativen Präsidenten, aber sie sind sehr sensibel, was ihre Freiheiten angeht.

Auch die Geschichte aus dem Jahr 749 geht letztlich gut aus. Ein Mönch kommt nach Ttangkkeut, zum „Ende der Welt". Er betet und singt, das seltsame Schiff kommt irgendwann näher, und ein wohlriechender Duft verbreitet sich. An Bord sind nur zwei Kisten, in einer ist ein Stein, der bricht auseinander, ein Rabe fliegt heraus und verwandelt sich in eine Kuh, die sich sofort auf einen langen Weg in die Berge macht. In einer Vision lernt der Mönch: Dort, wo sich diese Kuh niederlässt, soll ein Tempel gebaut werden.

Dieser Tempel steht heute noch, er heißt Mihwangsa, wörtlich: der „schöne gelbe Tempel". Für mich ist es einer der schönsten Orte auf der Welt. Im Tempel wohnt die koreanische Nonne Jajae, die einst während ihres Studiums in Berlin in der U-Bahn-Linie 2 die Erleuchtung fand und jetzt in Mihwangsa lebt. Sie kann in fließendem Deutsch erklären, warum sich Buddhisten 108 Mal verbeugen, weckt alle Besucher um vier Uhr morgens und verteilt mittags das vegane Essen. Aber das Beste in Mihwangsa ist der Blick von oben auf die Südspitze: Er geht ohne Übertreibung bis ans Ende der Welt und weiter. ❖

15
GENF

Wahrzeichen aus Wasser:
der 140 Meter hohe Jet d'eau.
Dahinter ragt die
Cathédrale Saint-Pierre auf

Lässiges Luxusleben

Sie liegt fast schon in Frankreich, gilt als internationalste Stadt der Schweiz – und wirkt doch
ganz bei sich. Genf ist der Geheimtipp für ein abwechslungsreiches Genuss-Wochenende

Genf hat viel Zeit. So wirkt die Hauptstadt der Uhren zumindest frühmorgens. Wer dann an ihren Ufern entlangjoggt, begegnet vielleicht ein paar Gänsen, Enten und versprenkelten Partyvolk-Resten, hat das Glitzern der Morgensonne auf dem See und den Blick auf die Berge in seinem Hinterland ansonsten aber für sich. Dann erwacht die 200 000-Einwohner-Stadt, und auf dem See ziehen die ersten Boote, SUPs und Schwimmer ihre Bahnen.

Genf hat viel zu tun. Das ist der Stadt anzumerken, sie ist der europä-ische UN-Standort, Finanzzentrum, Forschungsstandort, Rolex-Hauptsitz. Das macht die Stadt enorm vielseitig und interessant für Besucher, weil sie dort in viele, teils sehr spezielle Themen eintauchen – und dazwischen in den Altstadtgassen in ihrem eigenen Tempo unterwegs sein und in unzähligen, schön gelegenen Restaurants und Bars Pausen machen können. Genf genießt das Leben. Und kein Ort macht das so deutlich wie das beliebteste Freibad der Stadt, die Bains des Pâquis, wo sie alle die Füße im See baumeln lassen: die sehr zahlreichen Millionäre, die internationalen

Genfer auf Zeit, die Genf-Besucher. Ein sehr schöner, gut gelaunter Trubel, zu dem es ein ruhiges, naturnahes Kontrastprogramm gibt.

Genf hat viel Platz, verläuft sich in grünen Vororten, die sich wiederum in Weinbergen verlaufen, etwa den Rebhängen rund um Hermance. Der Hausberg der Stadt, der 1379 Meter hohe Le Salève, liegt jenseits der Grenze in Frankreich. Eine Seilbahn fährt bis kurz unter den Gipfel, bei gutem Wetter ist der Mont Blanc gut zu sehen – und der See und die ganze, überraschende Stadt. TINKA DIPPEL
www.geneve.com

Alle Genf-Tipps
auf einer kuratierten Karte
bei Google Maps

Anreise

Seit Ende März 2023 fliegt die Swiss ab Hamburg nonstop nach Genf. Weitere Direktflüge der Airline sind etwa ab München, Düsseldorf und Frankfurt möglich. Einfachster Weg vom Flughafen in die Stadt: per Zug (fährt oft und pünktlich) in rund sieben Minuten zum Hauptbahnhof.

www.swiss.com

Hotel

Hôtel Longemalle

Das Boutiquehotel mit 58 Zimmern ist top gelegen: am Fuße der Altstadt, aber auch nah am See. Das historische Gebäude wurde 2019 rundum saniert, modernisiert und zeitlos designt. Das gute, nicht überladene Frühstück unbedingt auf dem Balkon über dem großen Platz genießen! Das Restaurant im Haus heißt „Balila" und serviert libanesische Küche.

●●●

Pl. de Longemalle 13, www.longemallecollection.com

Restaurants

Chez Philippe

Mit sechs Restaurants ist Philippe Chevrier Genfs kulinarischer Multitasker. Hier in der Passage des Lions hat er sich einen Traum erfüllt: eine Brasserie nach Vorbild amerikanischer Steakhäuser. Auch Ceviche, geröstete Karotten mit Ingwer oder gegrillter Lobster sind sehr gut. ●

Rue du Rhône 8
www.chezphilippe.ch

Domaine de Châteauvieux

Etwa zehn Kilometer westlich von Genf liegt das ehemalige Winzerhaus, in dem Philippe Chevrier ganz groß aufkocht: Hummer, Kalbsbries – alles wird vollendet zubereitet.

●●●◐

Satigny
Chemin de Châteauvieux 16
https://chateauvieux.ch

Il Lago

Das italienische Sterne-Restaurant im Hotel „Four Seasons" hat eine schöne Terrasse mit Blick auf die Île Rousseau. Serviert werden köstliche Teller-Kunstwerke, etwa Lobster-Risotto mit Amalfi-Zitrone.

Quai des Bergues 33
www.fourseasons.com

Café

Le Patio by La Bonbonnière

Die Schokoladen-Manufaktur La Bonbonnière gibt es seit mehr als 100 Jahren. Im Angebot sind Verkostungen, Kurse und zig Schokoladen, auch zum Trinken. Ein schöner Ort, um die zu genießen, ist der ruhige Patio mitten in der Stadt.

Rue du Marché 40
www.labonbonniere.ch

Bar

MET Rooftop Lounge

Auf dem Dach des „Hôtel Métropole" liegt diese schöne Bar mit Blick auf den See und den Jet d'eau. Aussicht, Gin-Auswahl und Cocktails sind zu Recht sehr beliebt, also besser reservieren!

Hôtel Métropole: Quai du Général-Guisan 34
www.metropole.ch

Erleben

Bains des Pâquis

Pures Genfer Lebensgefühl! In dem öffentlichen Freibad, das 1872 in den See gebaut wurde, kommt der ganze, internationale Genf-Mix zusammen. Tipp: Das kleine Restaurant „Buvette" bietet Frühstück, Lunch und gut bestückte Aufschnittplatten zu sensationellen Preisen.

Quai du Mont-Blanc 30
www.bains-des-paquis.ch

CERN

Was hier, am Rande von Genf erforscht wird, beeinflusst das Weltgeschehen. Im CERN (Kürzel für die französische Übersetzung von „Europäischer Rat für Kernforschung") wurde einst das World Wide Web erfunden. Es ist das größte Forschungszentrum der Teilchenphysik, darunter können die meisten sich allerdings wenig vorstellen. Um das zu ändern, hat Anfang Oktober das Science Gateway eröffnet. Es ist schon wegen der Architektur aus der Feder Renzo Pianos sehenswert.

Espl. des Particules 1
https://visit.cern

Initium

Genf ist die Hauptstadt der Haute Horlogerie, der hohen Uhrmacherkunst. Was das mit der Reformation und den Wintern im Jura-Gebirge zu tun hat, erfahren Interessierte beim Besuch dieses Ateliers – und legen dann selbst Hand an. Vom dreistündigen Schnupperkurs bis zum Bau einer selbst entworfenen Uhr: Es gibt diverse Möglichkeiten.

Grand-Rue 17
www.initium.swiss

Patek Philippe Museum

Wer Inspiration für die eigene Uhr sucht oder einfach nur eintauchen möchte in die Geschichte (rund 500 Jahre) und Vielfalt: Die Sammlung dieses Hauses ist ein seltener Schatz!

Rue des Vieux-Grenadiers 7
www.patek.com/de/home

Landmark auf dem Gelände des Forschungszentrums CERN: The Globe, ein Ort des Gedankenaustauschs

Uhren-Komponenten selbst wählen und unter Anleitung zusammenbauen: bei Initium

Schokoladen-Bar in einem architektonischen Kleinod: „Le Patio by La Bonbonnière"

Der Naturnahe

Der Trubel um seinen 250. Geburtstag wäre Caspar David Friedrich
vermutlich zu viel gewesen. Er wanderte gerne allein über Berge
und durch Wälder. Das Jubiläum ist ein schöner Anlass, seinen Wegen zu folgen

VON TINKA DIPPEL

FOTOS: S. ROSE FOTOGRAFIE, PRIVATSAMMLUNG IN DER HAMBURGER KUNSTHALLE/FOTO CHRISTOPH IRRGANG

**Auf Basis seiner Skizzen malte Caspar David Friedrich um 1812
dieses Ölgemälde, das schlicht „Kirchenruine Oybin" heißt**

Die „Felsenlandschaft im Elbsandsteingebirge" von 1822/23 zeigt Friedrichs Interpretation des Neurathener Felsentors

Der Zeitgeist, er ist scheinbar schon ein paarmal von ihm abgedriftet – und ihm dann doch wieder sehr nah gekommen, dem großen Romantiker Caspar David Friedrich. Heute treffen die Bilder, die er vor rund 200 Jahren malte, wieder einmal einen Nerv: Die Tiefgründigkeit seiner Gemälde, die mitschwingende Unendlichkeit, die Melancholie in seinen Landschaften sprechen Sehnsüchte an, die viele Menschen in die Natur ziehen. Caspar David Friedrich (1774 bis 1840) ist der Star unter den deutschen Romantikern, und 2024, zu seinem 250. Geburtstag, wird er ganz besonders groß gefeiert. Die vier Ausstellungen, die rund um dieses Jubiläum in Hamburg, Berlin und Dresden stattfinden, werden gut besucht sein – so gut, dass sie dem Künstler selbst vermutlich zu voll gewesen wären. Er war nicht gerne unter vielen Menschen, er ging sehr viel lieber raus.

„Ich muss allein bleiben und wissen, dass ich allein bin", so hat er es einst formuliert, „um die Natur vollständig zu fühlen und zu schauen. Ich muss mich dem hingeben, was mich umgibt, mich vereinigen mit meinen Wolken und Felsen. Um das zu sein, was ich bin." So können Menschen ihm und seinen Gemälden auch jenseits der Museen nah kommen: indem sie ihm in seine Landschaften folgen.

Zwei davon liegen unweit von Dresden, wo Caspar David Friedrich von 1798 bis zu seinem Tod lebte. Die eine beginnt vor den Toren der Stadt und ist eine mehrfach ausgezeichnete Wanderregion: das Elbsandsteingebirge, dem ein Wegbereiter der Romantik seinen bekannteren Namen „Sächsische Schweiz" gab. Friedrich war dort oft mit seinem Skizzenbuch unterwegs, 1813 zog er sich ab März für mehr als ein halbes Jahr sogar ganz in die Waldlandschaft mit den markanten Tafelbergen an der Elbe zurück. Der kleine Ort Krippen am südlichen Flussufer war sein Refugium. 22 Zeichnungen aus dieser Zeit sind erhalten, einige davon begegnen Wanderern auf Tafeln, die entlang des Caspar-David-Friedrich-

Weges aufgestellt wurden. Da ist etwa das „Bergmassiv mit Felsenspitze", das Kenner der Region inzwischen dem Teufelsturm auf der anderen Elbseite zugeordnet haben. Und da ist die „Felsige Kuppe", die er am Fuß der Kaiserkrone zeichnet – und auf der später sein berühmter „Wanderer über dem Nebelmeer" stehen wird. An solchen Stellen wird deutlich, dass Friedrich vor allem Unvergängliches gemalt hat, vieles mag sich in diesem Gebirge verändert haben, die Felsformationen aber stehen noch so da, wie der Maler sie damals gezeichnet hat.

Auch die Ruinen der Burg und des Klosters Oybin sind nahezu unverändert. Sie liegen weiter im Osten, im Zittauer Gebirge nahe der Grenze zu Tschechien, auf einem 514 Meter hohen Sandsteinmassiv, dem Berg Oybin. Friedrich kam dort 1810 vorbei, als er mit einem befreundeten Maler auf dem Weg ins Riesengebirge war. Solche Eindrücke haben nachgewirkt in ihm: Auch wenn viele seiner Motive sich wiederfinden lassen, hat er sie eben doch nicht einfach abgemalt. „Schließe dein leibliches Auge, damit du mit

Ein beliebter Kletterfelsen: der Gamrig östlich von Rathen bei Sonnenaufgang (unten)

dem geistigen Auge zuerst siehest dein Bild", so lautet eines seiner berühmtesten Zitate. „Dann fördere zutage, was du im Dunkeln gesehen, daß es zurückwirke auf andere von außen nach innen." Aus den Skizzen, die er von den mittelalterlichen Mauern in Oybin anfertigte, entstanden verschiedene Gemälde.

Heute ist das rund acht Kilometer entfernte Zittau über eine Schmalspurbahn mit dem Ort Oybin verbunden, bei schönem Wetter kommen viele Besucher, aber mit Glück sind Wanderer hier so unterwegs wie die wenigen Menschen in Friedrichs Bildern: allein, ganz klein, mit der großen Natur.

Um 1830 hat Friedrich den Anschluss an die Trends seiner Zeit und den bald vorherrschenden Realismus verloren, er suchte ihn aber auch nicht, er blieb sich treu, denn er fand: „Des Künstlers Gefühl ist sein Gesetz." Der Romantiker geriet vorübergehend in Vergessenheit. Heute sagen nicht wenige Kunstexperten, dass er seiner Zeit im Grunde weit voraus war. Vielleicht ist seine Kunst aber auch einfach zeitlos, drückt Gefühle und Sehnsüchte aus, die von Trends und Jubiläen manchmal befeuert werden, aber eigentlich losgelöst sind. ❖

AUF FRIEDRICHS WEGEN

Erleben

Caspar-David-Friedrich-Weg
Perfekt für einen Tag: Der Weg beginnt im Bad Schandauer Ortsteil Krippen (von Dresden-Hauptbahnhof in knapp 50 Minuten mit der S 1) und macht eine rund 15 Kilometer lange Runde. Unterwegs stehen Tafeln, die den Bezug zu Friedrichs Werken erklären. Alle Fakten zum Download:
https://bad-schandau.de/downloads/CDF_Faltblatt_20121.pdf

Malerweg
Die mehrfach ausgezeichnete Traumrunde

durch das Elbsandsteingebirge endet in Pirna und beginnt unweit davon auf der anderen Elbseite. Sie macht an beiden Ufern weite Bögen, auf 116 Kilometern und über 3600 Höhenmeter. Wer den Wegen verschiedener Maler – darunter neben Friedrich auch Adrian Ludwig Richter – komplett folgen möchte, ist eine gute Woche unterwegs. Wer sich einzelne Etappen aussucht, hat die Wahl zwischen touristischen Hotspot-Routen (etwa rund um Bastei und Königstein) und wildromantischen Wegen.
www.saechsische-schweiz.de/malerweg

Oybin
Er ist nicht nur wegen der Kloster- und Burgruine, die ihn schmücken, eine Schönheit, der bekannteste Berg im Zittauer Gebirge. Vom gleichnamigen Ort, der ihm zu Füßen liegt, führt ein entspannter, maximal halbstündiger Fußweg hinauf. Wer die alten Mauern erkunden, auf dem Ringweg herumlaufen und die schöne Aussicht genießen möchte, sollte sich aber ein paar Stunden Zeit nehmen. Rund um Oybin gibt es viele weitere schöne Wander- und Radwege durch das Zittauer Gebirge.
www.oybin.com

Weitere Friedrich-Wege
Sehr guter Überblick über Caspar David Friedrich in Sachsen:
www.sachsen-tourismus.de/caspar-david-friedrich

Hotels

Hotel Elbresidenz an der Therme
Perfekt für alle, die Wandern und Wellness verbinden und mittendrin im Elbsandsteingebirge unterkommen möchten: Das Haus hat 207 Zimmer und Suiten und liegt direkt an der Elbe. Gleich nebenan: die Toskana Therme Bad Schandau.
Bad Schandau, Markt 1-11
www.toskanaworld.net

Villa Waldfrieden
Die frisch sanierte Villa mit acht Zimmern steht an der Elbe in Schmilka. Der Ortsteil von Bad Schandau hat sich komplett zum Bio-Dorf ernannt und einen besonderen Charme.
Bad Schandau, Schmilka 10
www.schmilka.de

Parkhotel Oybin
Mitten im Ort Oybin liegt dieses mehr als 100 Jahre alte, liebevoll sanierte und familiengeführte Haus. Es hat 14 Zimmer, einige davon mit Blick auf die Ruinen von Burg und Kloster.
Oybin, Straße der Jugend 4
www.parkhotel-oybin.de

Die Einrichtung der Lodge im traditionellen Stil, hier der Flur des Bereichs für alle Gäste, ist in Blau und Erdtönen gehalten

Ein Reich für Könige

Bhutan verweigert sich konsequent dem Billigtourismus, um seine Kultur und Natur zu bewahren. Die kürzlich eröffnete „Punakha River Lodge" ist ein fantastischer Ort, um dieses einzigartige Königreich kennenzulernen

VON SILVIA TYBURSKI

Es ist, als würde die Natur diesen Ort umarmen. Die „Punakha River Lodge" liegt eingebettet in die umliegenden Berge und Reisterrassen, der Fluss Mo Chu fließt in einer Schleife an dem Anwesen vorbei. Wenn die Gäste die Fenster ihrer Suiten öffnen, können sie hören, wie das Wasser über das flache Kiesbett rauscht.

Die kleine, edle Unterkunft passt sehr gut in dieses Königreich: Bhutan hat den Naturschutz in seiner Verfassung festgeschrieben, und es verweigert sich allen Formen des Massentourismus so konsequent wie möglich. Auch die Lodge setzt nicht auf Masse und Größe. Sie bietet Platz für maximal 20 Gäste und ist der ideale Ausgangspunkt für Wanderungen in der Umgebung oder einfach ein idealer Ort für eine Zeit der inneren Einkehr. Es gibt Wellness- und Sportangebote von Yoga im hauseigenen Studio bis hin zu Bogenschießen – Bhutans Nationalsport. ➤

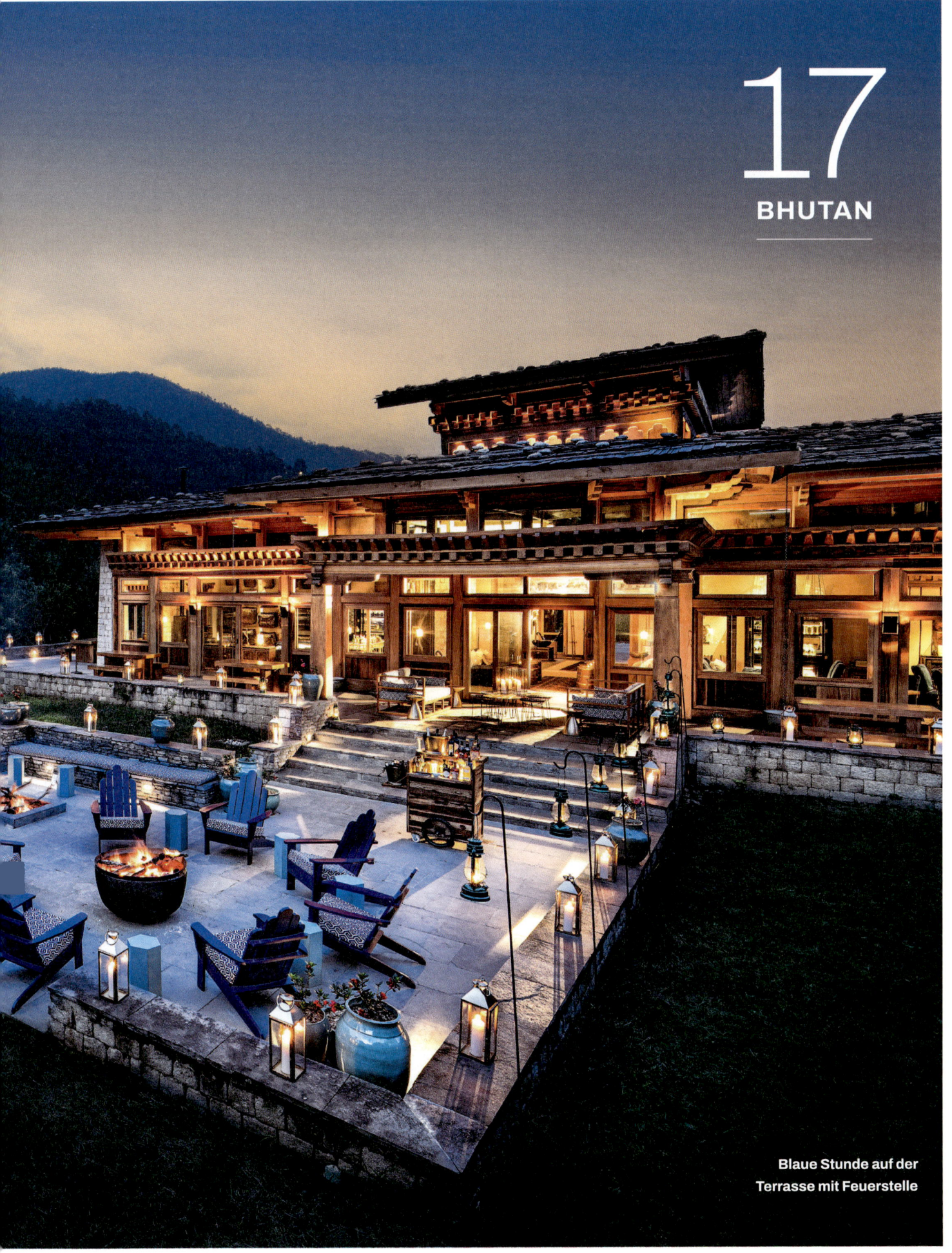

Blaue Stunde auf der
Terrasse mit Feuerstelle

Taktshang („Tigernest") heißt
das buddhistische Kloster,
das auf 3120 Meter Höhe an
den Fels gebaut ist

Nur rund zehn Kilometer südöstlich liegt einer der bekanntesten Schätze des Landes, das buddhistische Kloster Punakha Dzong. Es wurde im 17. Jahrhundert erbaut und ist der einstige Regierungssitz Bhutans. Dort werden die Könige des Landes gekrönt. Direkt vor dem Kloster spannt sich die mit bunten Gebetsfahnen geschmückte Punakha-Hängebrücke, eine schwankende Konstruktion, etwa 180 Meter weit über den Fluss Mo Chu.

Über dem Tal liegt das „Tigernest"

Wer mehr vom Land sehen möchte: Die Lodge bietet Ausflüge ins Himalaja-Gebirge an. Über 3000 Meter hoch liegt das Kloster Taktshang („Tigernest") bei Paro, das sich 900 Meter über dem Tal an Felswände schmiegt. Eine Wanderung dort lässt sich im März mit einem der größten Feste Bhutans verbinden, dem Paro Tshechu, zu dem Mönche in Kostümen traditionelle Tänze zeigen. Das Fest kann sogar Gelegenheit sein, Bhutans Königspaar zu sehen: Oft nehmen König Jigme und Königin Jetsun, die gerade ihr drittes Kind bekommen haben, teil. Doch selbst, wer einfach im grünen Flusstal von Punakha bleibt: Königlich fühlt man sich auch hier. ❖

www.andbeyond.com

Ein Mönch an der mit buddhistischen Gebetsfahnen geschmückten Hängebrücke über den Mo Chu

Zem, so heißen die traditionellen Körbe, schmücken eine Wand der Lodge, Yoga gehört hier zum Tagesablauf

**Spitzenköchin mit Forscherdrang:
Leonor Espinosa erkundet die
Aromenvielfalt in Kolumbiens Natur**

18
KOLUMBIEN

Als wäre die Welt auf ein Land geschrumpft. Kolumbien, das sind die karibischen Strände bei Cartagena, die Mangrovenwälder am Pazifik, karge Landschaften wie die Tatacoa-Wüste oder die über 5000 Meter hohen Vulkane in den Anden. Das sind aber auch die tropischen Regenwälder im Süden oder die weiten Feuchtsavannen im Norden. In kaum einem anderen Land ist die Biodiversität so groß: allein 1800 Vogelarten, 250 verschiedene Palmen und 3500 Orchideen gibt es hier. Durch das Friedensabkommen mit den FARC-Rebellen 2016 ist das Land sicherer geworden – und wird als Reiseziel immer beliebter. Vor allem illegale Abholzung bedroht die Vielfalt der Natur aber nach wie vor.

Leonor Espinosa gehört zu den Menschen, die sich für diesen Schatz einsetzen, auf ihre Art und Weise, als Spitzenköchin. In ihrem Restaurant „Leo" in Bogotá erleben Gäste eine Entdeckungsreise in kulinarisches Neuland. Gekocht wird zum Beispiel mit Amei- ➤

**Nicht auf dem Speise-
plan: Der Schwert-
schnabelkolibri ist
eine von 1800 Vogel-
arten in Kolumbien**

Kochen für die Vielfalt

Kaum ein Land auf der Welt hat eine so reiche Tier- und Pflanzenwelt
wie Kolumbien. Leonor Espinosa setzt sich als eines
der größten Kochtalente in Südamerika für diesen Schatz ein

VON JONAS MORGENTHALER

Kolumbien in zwölf Gängen:
Die Menüs im „Leo" führen bis in die
abgelegensten Ecken des Landes

sen, der Kakaosorte Macambo oder Cacay, nussartigen Samen eines Wolfsmilchgewächses. „Achtzig Prozent der Zutaten, die wir im Restaurant verwenden, stammen aus Gebieten, die schwer zugänglich sind. Sie sind den meisten Gästen kaum bekannt", erklärt die Köchin. Dafür arbeitet sie direkt mit Klein-

produzenten zusammen und hat ein Netzwerk aufgebaut, um die in der Vergangenheit oft vernachlässigten, indigenen oder afrokolumbianischen Gemeinschaften auf dem Land zu unterstützen und sichtbarer zu machen. Auch die hüten einen Schatz: das Wissen über fast vergessene Zutaten und Zubereitungs-

FOTOS: ADOBE STOCK, PR (3)

Wachteln werden hier nur wegen der Eier gezüchtet. Mit diesen Snacks beweist Leonor Espinosa im „Leo" (oben), wie delikat auch ihr Fleisch schmeckt

Eine Schale Vielfalt: Suppe mit Cacay-Samen, Tapioka-Perlen, Arowana-Fisch und orangem Achiote-Pulver

Eine Treppe führt auf den Fels von Guatapé, der an einem riesigen Stausee 220 Meter in die Höhe ragt

methoden. Laura Hernández, die Tochter der Pionierin, ist im „Leo" für die Getränke zuständig. Und auch sehr innovativ: So hat sie eine Reihe von Spirituosen entwickelt, welche die unterschiedlichen Ökosysteme des Landes widerspiegeln. „Montaña" etwa ist aus der Anden-Passionsfrucht Gulupa destilliert.

So machen die beiden das „Leo" zur Bühne für das biologische Erbe des Landes. Und sie sind noch längst nicht am Ende: „Ein Merkmal der kolumbianischen Küche", sagt Leonor Espinosa, „ist die Menge an Wissen, die immer noch verborgen ist." ❖
Bogotá, www.restauranteleo.com

19

BAD ISCHL

Elektronische Musik trifft auf
multimediale Projekte – beim New Salt
Festival der Kulturhauptstadt

»Das wird ein Eyecatcher«

Die Kunstwelt zieht es nach Österreich! Bad Ischl und das Salzkammergut tragen 2024
den Titel „Kulturhauptstadt Europas". Ihre Chefin **Elisabeth Schweeger** verrät, welche Events,
Ausstellungen und Festivals nächstes Jahr die Bergwelt beleben werden

**Der Kopf hinter der
Kulturhauptstadt:
Elisabeth Schweeger
ist Künstlerische
Geschäftsführerin
von Bad Ischl-
Salzkammergut 2024**

MERIAN *2024 werden im Salzkammergut rund
300 Kultur-Events stattfinden. Auf welche Highlights können sich Besucher freuen?*
ELISABETH SCHWEEGER Sehr viele! Die Ausstellung „Die Reise der Bilder", die wir mit
dem Lentos Kunstmuseum in Linz machen
und die auch in Bad Aussee und Bad Ischl/
Lauffen zu sehen sein wird, beschäftigt sich
mit dem Thema Kunstraub in der NS-Zeit –
sie zeigt eine Auswahl von Gemälden, die
unter anderem für Hitlers „Führermuseum"
vorgesehen waren. Wie gehen Sieger mit Be-
siegten um, was machen sie mit ihrer Kultur?
Ein hochaktuelles Thema. Im Salzbergwerk
Altaussee, das einst als Lager für NS-Raub-
kunst diente, wird Comic-Künstler Simon
Schwartz mit der Ausstellung „Verborgen
im Fels. Der Berg, das Salz und die Kunst"
eine von der Geschichte des Ortes inspirierte
Graphic Novel zeigen. Und der Künstler Bill
Fontana wird in der Dachstein-Rieseneis-
höhle ein Werk ausstellen. Eine Klanginstalla-
tion, bei der die Glocken von Notre-Dame
in die Höhle übertragen werden und der
Sound der Eisschmelze zurück in die Kathe-
drale. Das wird ein ziemlicher Eyecatcher.

Worauf sind Sie persönlich besonders gespannt?
Auf das Projekt von Tom Neuwirth, alias
Conchita Wurst, das mit der Wiederent-
deckung seiner Herkunft im Salzkammergut
zu tun hat. „Song/Song" ist auch ein sehr
schönes kleines Projekt, in dem es um die
Veränderung der Stimme geht, alles in Form
eines multidisziplinären Abends mit Geschichten, Sagen und Liedern. Die Theater-
festivals werden auf jeden Fall interessant, wir
übertragen sie per Public Viewing. Kleine
Produktionen beschäftigen sich etwa mit Ste-
fan Zweigs Europa-Rede. Zweig hat schon
in den frühen Zwanzigern von einer euro-
päischen Kulturhauptstadt gesprochen, auch
wenn er es ein bisschen anders formuliert hat.

*Das Reisen wird in der Programmlinie „Sharing
Salzkammergut – die Kunst des Reisens" eine
große Rolle einnehmen.*
Wir wollen die Leute davon überzeugen,
dass sie eine Region nur dann kennenlernen,
wenn sie fünf oder zehn Tage bleiben – und
nicht nur einen. Dafür müssen wir Program-
me aufstellen, zum Beispiel in Form des
„Großen Welt-Raum-Wegs" – einer fünf-

Kulturhauptstadt

Rund 300 Veranstaltungen werden viel Kulturleben in die 23 Gemeinden des Salzkammerguts bringen, die sich über Oberösterreich und die Steiermark erstrecken, und die 2024 den Titel „Kulturhauptstadt Europas" tragen. Viele Events werden nicht nur in Bad Ischl selbst stattfinden, die Stadt wird auch der ideale Startpunkt zum Entdecken der Region sein. Welche Ausstellung, welche Performance, welches Konzert man wo genau findet, entnimmt man dem Kalender auf der offiziellen Website. Tipp: Mit der Kulturcard 2024 bekommt man Rabatt für Veranstaltungen der Kulturhauptstadt und in vielen anderen Kulturinstitutionen.

www.salzkammergut-2024.at

Hotel

Goldener Ochs

Das Vier-Sterne-Haus an der Traun ist für eine Übernachtung in Bad Ischl die allererste Wahl. Die Zimmer in dem Hotel von 1791 bieten bürgerliche Gemütlichkeit. Seit 2021 gibt es in dem Haus auch die coole „Arthur Schnitzler Bar". Mit einem kalten Getränk und guter Musik im Ohr geht jeder Tag stilvoll zu Ende.
Bad Ischl, Griesgasse 1
www.goldenerochs.at

Cafés

Zauner

Die 1832 eröffnete „k. u. k Hofzuckerbäckerei" ist für viele ein obligatorischer Zwischenstopp in Bad Ischl. Vor allem den berühmten „Zaunerstollen" – Rezept geheim! – muss man probiert haben.
Konditorei: Bad Ischl Pfarrgasse 7; Restaurant: Bad Ischl, Hasnerallee 2
www.zauner.at

Rührwerk

Perfekt zum Frühstücken: Einfach in dieser ziemlich lässigen Backstube einen Kaffee plus die unwiderstehlichen Schaumrollen bestellen – der klare Publikumsliebling hier in der Stadt.
Bad Ischl, Kaiser-Franz-Josef-Str. 3-5
www.ruehrwerk.at

Tradition

Kaiservilla und Marmorschlössl

Wer nicht zumindest ein paar Meter auf den Spuren von Sisi und Franz gelaufen ist, war eigentlich nicht in Bad Ischl. Das berühmteste Paar der österreichischen Geschichte verbrachte seine Sommer gern hier im Salzkammergut, ein Besuch ihrer beiden Sommerresidenzen lässt sich mit einem Spaziergang durch den Kaiserpark kombinieren.
Kaiservilla: Bad Ischl, Jainzen 38, www.kaiservilla.at
Marmorschlössl: Bad Ischl Jainzen 1

Erleben

Jainzen

Am frühen Morgen absolut fantastisch: Der Aufstieg auf den Haushügel von Bad Ischl dauert etwa eine Stunde und wird mit einer grandiosen Aussicht belohnt. Das wusste angeblich auch Sisi, die den Jainzen gern bestiegen haben soll.

Katrin

Der Jainzen mag der Haushügel sein, aber der Herzberg von Bad Ischl bleibt die Katrin. Gut zwei Stunden braucht man für den Aufstieg zur Katrinalm. Oder man fährt einfach ganz entspannt mit der Gondel nach oben, erfreut sich am Ausblick und kehrt in das kleine Bergrestaurant ein.

tägigen Wanderung mit Kopfhörern, auf der man dem Künstler Christoph Viscorsum im Gespräch mit vielen bekannten Leuten zuhört. Gemeinsam mit der ÖBB haben wir auch zwölf leerstehende Bahnhöfe an der einzigen eingleisigen Bahnstrecke im Salzkammergut wiederbelebt, junge Künstler*innen werden dort als Artists-in-Residence arbeiten und ausstellen. So wird die Bahnstrecke zur Kulturmeile.

Was soll bleiben von der Kulturhauptstadt?
Offenheit für Neues. Dass man nicht nur die Traditionen bewahrt, sondern das tolle Potenzial der Region erkennt, auch für junge Leute. Ich hoffe, dass die Orte, die wir sozusagen wach küssen, auch wach bleiben.
INTERVIEW: KALLE HARBERG

Das „Krachkisten Orchestra" wird im Jahr der Kulturhauptstadt beim Analog Festival in Bad Goisern auftreten

Die Traun umarmt das historische Zentrum von Bad Ischl in einer großen Schleife

20
LOFOTEN

Kontrastreich und wild:
Die Lofoten sind ein
Paradies für Outdoor-Sportler
und Naturliebhaber

Magisch schön

Wenn die Sonne durch die Wolken bricht und die Farben der Lofoten
zum Leuchten bringt, dann scheint ein Zauber über
diesem Archipel zu liegen. Wer sich ihm hingibt, versteht gut,
wie Reisende hier, hoch im Norden, das ganze Jahr
über Ruhe und Glück finden – oder einfach die perfekte Welle

VON ANTONIA AUST

Der Sand ist helles Puder, der Atlantik leuchtet dunkeltürkis, das Licht glitzert auf seinen Wellen. „Karibik" mag die Assoziation für einen kurzen Moment sein. Aber die Augen finden keine Palme. Kantige Felsen ragen direkt neben dem Traumstrand aus dem Meer empor. Ein Surfer in Neoprenanzug mit Kapuze läuft vorbei, rudert bäuchlings auf seinem Brett hinaus, ein zweiter Surfer rennt ihm hinterher, gemeinsam suchen sie die nächste heranrollende Welle. Als sie später am Ufer ausruhen, sagt einer von ihnen: „Wenn man hierherkommt, verliebt man sich einfach in diesen Ort." Frode Goa ist sein Name, gerade war er in Kalifornien, hat dort für das norwegische

In Bestform: Wenn sich der Wind um die Felswand biegt, sind die Bedingungen in Unstad perfekt, findet Tommy Olsen (rechts)

Team an den ISA World Surfing Games teilgenommen. „Hier zu surfen, ist wirklich etwas Besonderes, auch wenn es immer ein kleiner Schock ist, ins Wasser zu gehen."

Der Strand liegt in Norwegen, auf einer der nördlichsten Inselgruppen Europas, den Lofoten, etwa 180 Kilometer nördlich des Polarkreises. Unstad, das winzige Dorf beim Strand, sieht aus, als hätte ein Riese ein paar bunte Häuschen in dieses kleine grüne Tal gestreut. Etwa 20 Menschen leben hier dauerhaft, um die 24000 in der gesamten Region Lofoten, deren Landfläche etwa so groß ist wie Bremen und Berlin zusammen. Die knapp 80 Inseln, die zur Region gehören, liegen zwischen 100 und 300 Kilometer nördlich des Polarkreises, und wer sich nun fragt,

Jedes Jahr im Herbst findet in Unstad ein Surfwettbewerb statt, die Lofoten Masters

Anker Frantzen (links), arktischer Surfer in dritter Generation, ist überzeugt: „Hier liegt mehr Kraft in den Wellen"

wann sich denn das kleine Reisezeit-Fenster auftut, so weit im Norden, der orientiere sich an den Surfern: Die Hartgesottenen kommen auch im Winter. Und nicht nur sie, auf den Lofoten hat jede Jahreszeit ihren Charme – und ihr ganz besonderes Licht. Im Sommer ist das Licht nie ganz weg, die Nächte sind nicht dunkel, sondern ein Fest der Pastellfarben. In der Zeit um die Sommersonnenwende am 21. Juni wandert die Sonne jeden Tag in einer sanften Wellenlinie über dem Horizont, berührt ihn dabei kaum. Das ist die schönste Zeit, um auf den vielen Wanderrouten unterwegs zu sein, die Wege sind meist gut markiert. Die Berge wachsen hier an vielen Stellen direkt aus dem Meer, sattgrüne Täler sind nur mit ein paar Schafen gesprenkelt, Felsen bilden skurrile Formationen.

Diese Landschaft erzählt allen, die hinsehen, unzählige Geschichten. Am schmalen Trollfjord, einem der berühmtesten und spektakulärsten hier im Norden, handeln sie von waghalsigen Wendemanövern und einem legendären Kampf zwischen verfeindeten Fischern.

Seit jeher leben die Inselbewohner vom Meer. Der Skrei, der norwegische Winterkabeljau, bestimmt den Jahresrhythmus der Fischer, zwischen Januar und April ist Fangsaison. Der Skrei ist das kulinarische Aushängeschild der Lofoten. Auf großen Holzgerüsten wird er zum Trocknen aufgehängt, überall auf den Lofoten trifft man früh im Jahr auf die Trockengerüste, riecht sie oft schon von Weitem. Angelita Eriksen, Tochter eines Lofotenfischers, hat ihre Kindheit mit dem Skrei verbracht, heute lebt auch sie vom Meer – indem sie einen lange unterschätzten Schatz der Lofoten hebt: Seetang. Gemeinsam mit ihrer Geschäftspartnerin Tamara Singer, die aus Neuseeland stammt und durch ihre japanische Mutter den Wert der Algen als Nahrungsmittel kennt, betreibt sie die Firma Lofoten Seaweed. Die beiden Frauen ernten verschiedene Arten von Algen und verarbeiten sie zu Lebensmitteln und Kosmetik. Die Unterwassergewächse gelten als enorm nährstoffreich. In Angelitas Heimatort Napp, ein gutes Stück südlich von Unstad, betreiben sie einen kleinen Laden mit Café. Ihre Zimtschnecke mit Algenzusatz ist eine ➤

„Die Zukunft der Ernährung liegt im Meer", finden Angelita Eriksen (links) und Tamara Singer

überraschend gute Variante des norwegischen Traditionsgebäcks.

Der Golfstrom bringt warmes Wasser in den Nordatlantik und mildert das Klima etwas im Vergleich zu anderen Regionen auf dem 68. Breitengrad. Im Sommer erwärmt er das Polarmeer hier immerhin auf etwa 13 Grad. Gut für die Surfer von Unstad. Es gibt dort sogar eine Surfschule, ihre Gründer sind Tommy Olsen, ein großer, blonder Mann mit beinahe arktischblauen Augen, und seine Frau Marion Frantzen. In der ehemaligen Dorfschule sorgen sie für alles, was man für das eisige Wellenreiten braucht: Surfbretter, Unterricht, Unterkünfte, Verpflegung und natürlich Neoprenanzüge – die extradicken. Als die ersten Surfer in Unstad in den 1960er Jahren ins Wasser gingen, hatten sie all das nicht. Thor Frantzen und Hans Egil Krane hatten als Seeleute in Sydney das Surfen ausprobiert und wollten es, zurück in ihrer Heimat, nicht aufgeben. Dort gab es aber keine Surfbretter, also bastelten sie aus Schaumstoff, Zeitungspapier und Polyester-

harz ihre eigenen. Eins in Bananengelb, das andere inspiriert vom „Surfin' Safari"-Cover der Beach Boys von 1962: weiß mit blauen Längsstreifen. Es hängt heute im Wohnzimmer der Surfschule, Marion Frantzen ist die Tochter eines der Pioniere.

Die arktischen Temperaturen tut man hier mit einem Schulterzucken ab, in Portugal müsse man ja auch einen Neoprenanzug tragen, „wir haben eben noch Schuhe und Handschuhe dazu", sagt Tommy Olsen. „Aber wenn der Wind sich hier um die Felswände biegt, bekommen wir perfekte Surfbedingungen. Außerdem ist die Landschaft toll."

Wer sich in die arktischen Fluten wagt, wird mit einem einzigartigen Panorama belohnt, hier zu surfen, ist ganz großes Kino – im Winter manchmal auch mit Polarlichtern als Kulisse. Und überhaupt, das Licht! Das Wetter ist hier immer gut für Kapriolen, mit viel Regen, wenn sich dann aber die Sonne durch die steingrauen Wolken kämpft und die zerklüftete Küste punktuell erleuchtet, ist jeder Augenblick einfach nur magisch. ❖

Der kegelförmige Volandstind liegt im Westen der Inselgruppe. Die Fredvang-Brücken verbinden die Inseln Moskenesøya und Flakstadøya

Dramatische Landschaft und magisches Licht: Die Lofoten inspirieren Künstler und Geschichtenerzähler

LOFOTEN

Anreise

Die Lofoten erreicht man sowohl über den Land-, Luft- als auch den Seeweg. Die Postschiffe der Hurtigruten legen in Svolvær, dem größten Ort auf den Lofoten, und in Stamsund an. Wer mit dem Auto anreist, kann eine Fähre etwa von Bodø nach Moskenes nehmen. Per Flugzeug bietet sich die Anreise über den Flughafen Harstad/Narvik (EVE) an, knapp 160 Kilometer nordwestlich von Svolvær. Er wird etwa von Oslo mit Norwegian Air Shuttle, SAS und Widerøe angeflogen. Kleine Regionalflughäfen gibt es in Svolvær und Leknes.
www.visitlofoten.com

Hotels

Svinøya Rorbuer
Besonders beliebt sind die schön hergerichteten traditionellen Fischerhäuschen, *Rorbuer* genannt. Aber auch moderne Ferienwohnungen und ein etwa 200 Jahre altes Herrenhaus kann man hier mieten.
Svolvær, Gunnar Bergs vei 2
www.svinoya.no/en

Holmen Lofoten
Cooler Scandi-Style trifft auf traditionelle Architektur und Nachhaltigkeit. Dazu kommen die malerische Landschaft im Süden der Lofoten und ein sehr gutes saisonales und regionales Restaurant, das mit der

Eventreihe „Kitchen On The Edge" immer wieder Gastköche aus aller Welt empfängt.
Sørvågen, Flathaugen 36
www.holmenlofoten.no

Restaurants

Kjøkkenet
„Die Küche" liegt mitten im Hafen von Svolvær. Das gemütliche, traditionell nordnorwegische Restaurant gehört zu „Anker Brygge", die Betreiber vermieten auch Gästewohnungen in den typischen *Rorbuer*-Häuschen.
Svolvær, Lamholmen 1
www.anker-brygge.no

Trevarefabrikken
Wer zwischendurch eine Fisch-Pause braucht, ist hier richtig. Die alte Fabrikhalle vereint ein cooles modernes Konzept mit Café, Pizzeria und Bar. Ein paar Gästezimmer gibt es dort auch.
Henningsvær, Dreyers gate 72, www.trevarefabrikken.no

Erleben

Unstad Arctic Surf
Das winzige Dorf Unstad ist der Surfhotspot der Lofoten. Hier bekommt man alles, was man zum arktischen Surfen braucht: Surfbretter, Neoprenanzüge sowie eine gemütliche Unterkunft und Verpflegung. Auch für Zuschauer ist der Surfstrand ein Erlebnis.
Bøstad, Unstadveien 105
www.unstadarcticsurf.com

Lofoten Seaweed
Ob Seetang mit Trüffelaroma, Würzmischungen für Fischgerichte oder Schokolade mit dem gesunden Zusatz: Im Shop von Lofoten Seaweed gibt es Seetang in allen Varianten. Im integrierten Café gibt es zudem Gebäck und Algen-Wissen.
Napp, Flakstadveien 73
www.lofotenseaweed.no

Lofoten Lights
Unter diesem vielversprechenden Namen bietet Claudia Gasperini seit etwa 15 Jahren die schönsten Touren zu jeder Jahreszeit auf den Lofoten an.
Svolvær, Vestfjordgata 2/4
www.lofotenlights.com

Hier vor dem Altar mit dem Madonnenrelief im Goldmosaikrahmen standen sie anno 1992: das Supermodel Iman im Brautkleid, der Popstar David Bowie im Frack mit weißer Fliege. Wer sich heute nicht vorstellen kann, wie die beiden in dieser winzigen Kapelle neben der Einfahrt zur „Villa La Massa" heirateten, der frage Tamara Trambusti.

Vielleicht zückt sie dann ihr Smartphone und zeigt ein Foto: Iman auf einem Sessel und davor knieend Bowie. „Sie feierten ganz normal", sagt Trambusti, „nicht mit großem Feuerwerk." Nur um die 80 Gäste waren geladen, unter diesen natürlich viele Berühmtheiten.

Trambusti hat viele Stars in der „Villa La Massa" begrüßt: Robert De Niro, Madonna, Bruce Springsteen. Sie war 19 Jahre alt, als sie 1979 einen Job an der Rezeption bekam, und heute arbeitet sie immer noch hier. „Die gute Seele des Hauses" nennen sie jüngere Kollegen.

Schon in den sechziger Jahren kamen viele Hollywood-Stars, „damals gab es nur wenige Fünf-Sterne-Hotels in Florenz", sagt Trambusti, „die 'Villa La Massa' war eines der bedeutendsten". Und eines der Häuser mit besonders langer und wechselvoller Geschichte.

1525 ließ sich ein Mann namens Santi Landini hier an einer Biegung des Arno eine Sommerresidenz bauen. Seine Familie gehörte zum florentinischen Adel, der Handel mit edlen Stoffen hatte sie reich gemacht. Bis heute schauen ab und an Nachfahren der Landini vorbei, erzählt Trambusti.

Beste Verbindungen hatte auch Kardinal Giovanni Rinuccini, der das Haus 1788 kaufte. Die Rinuccinis standen in stadtinternen Konflikten auf der Seite der Medici, was ihren Geschäften wohl nicht schadete. Rinuccinis Neffe Alessandro setzte vier Türme an die Ecken der Villa – die letzte größere Veränderung an ihrem Äußeren. Die Besitzer kamen und gingen. 1856 kaufte eine russische Gräfin mit Namen Bierlinska die Villa, ein letztes Mal war sie Bühne des Adels, bevor sie 1953 zum Luxushotel wurde.

Die Zimmer waren damals kleiner und barocker, dicke Teppiche bedeckten die Böden und dunkle Tapeten die Wände, Standard waren Himmelbetten und Goldhähne im Bad. Ein wenig von diesem opulenten Stil hat die ➤

Über viele Jahrhunderte ans Flussufer gewachsen: das weitläufige Anwesen mit Pool, Olivenhain und Gemüsegarten

Sternenstaub am Arno

Einst Bühne des Adels, wurde die Villa La Massa nahe Florenz zum Hotel für Stars
wie David Bowie. Mit dem Drink „Ziggy Stardust" erinnern
sie an ihn. Auch sonst erleben die Gäste hier immer wieder Momente, in denen
sich die jahrhundertelange Geschichte des Hauses offenbart

VON FLORIAN SANKTJOHANSER

Am Flussufer ist es immer ein paar Grad kühler als in der Stadt, und jeder findet den passenden Ruheort in diesem weitläufigen Anwesen

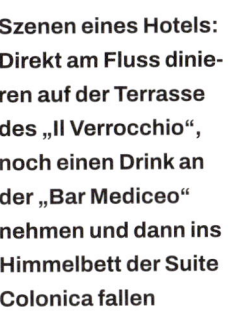

Szenen eines Hotels: Direkt am Fluss dinieren auf der Terrasse des „Il Verrocchio", noch einen Drink an der „Bar Mediceo" nehmen und dann ins Himmelbett der Suite Colonica fallen

Familie Fontana erhalten, die auch die „Villa d'Este" am Comer See betreibt. „Die Eigentümer wollen so wenig wie möglich hinzufügen", sagt Elisa Peroli. Sie leitete für „Four Seasons" ein Vierteljahrhundert Hotels in verschiedenen Ländern, Anfang 2023 wurde sie Direktorin der Villa.

Darüber, dass nicht zu viel verändert wird, wachen ohnehin die Denkmalschützer. Selbst das Strohgelb der Fassade und das Graublau der Fensterläden ist exakt vorgeschrieben, so wie die Farben aller anderen Fassaden. Das Haus schmücken eine Ritterrüstung und gekreuzte Hellebarden, dunkle Möbel und schwere Vorhänge mit Blumenmustern. Den Gästen, überwiegend aus den USA, gefällt dieser Traum von Old Europe. Im Foyer hängen die Wappen florentinischer Adelsfamilien und über den Rundbögen die Flaggen der Stadtviertel. Einst sprudelte dort ein Brunnen unter freiem Himmel, bis in den siebziger Jahren ein Dach über das Atrium gezogen wurde. „Bisher hat jeder neue Besitzer etwas hinzugefügt", sagt Trambusti.

Die Stars von einst schätzten genauso wie die Gäste heute den Kompromiss: nur eine Viertelstunde Fahrt von der Altstadt entfernt zu logieren, dem Trubel aber in dieses Refugium entfliehen zu können. Zehn Hektar groß ist der Hotelpark, am Flussufer ist es immer ein paar Grad kühler als in der Stadt. Auf dem Trimm-dich-Pfad mit hölzernen Geräten und verblichenen Schildern laufen oder spazieren die Gäste um einen Olivenhain und Gemüsebeete. Oder sie setzen sich in den Pavillon am Irisgarten, ein Lieblingsort für Yogastunden oder Picknick, Aperitif oder Heiratsantrag. Am schönsten ist es dort von April bis Mitte Juni, wenn die Schwertlilie blüht – jene Blume, die das Wappen von Florenz schmückt.

Tennis spielen, reiten, relaxen

Selbst wenn das Hotel ausgebucht ist, verteilen sich die Gäste wohltuend auf seine fünf Villen. Seit 2018 wurden zwei Nebengebäude restauriert und die Zahl der Zimmer so mehr als verdoppelt: von 21 auf 51, plus drei Apartments. Die Zimmer sind unterschiedlich gestaltet: im Haupthaus mit Deckenmalereien und edlen Stoffen, in den Nebenhäusern eher toskanisch-modern. Allesamt haben sie aber klassisch italienische Marmorbäder.

Wer hier eincheckt, kann auch auf den Tennisplätzen nebenan spielen oder mit Pferden aus dem nahen Gestüt über die umliegenden Hügel reiten. Oder im Spa, das im einstigen Weinkeller eingerichtet wurde, im achteckigen Marmorbecken zu Füßen einer kopflosen Statuette baden. 80 bis 95 Angestellte arbeiten in der „Villa La Massa", dazu kommen Gärtner, die im Herbst ➤

die Oliven von den 250 Bäumen pflücken. Auch ausgefallenste Wünsche werden erfüllt. Ein Gast ließ einst 400 rote Rosen von einem Helikopter über dem Garten ausstreuen, im Blütenregen streifte er seiner Freundin den Verlobungsring über den Finger. „Mittlerweile sind sie geschieden", sagt Trambusti mit maliziösem Lächeln.

Das Bistro „L'Oliveto" wurde in der ehemaligen Scheune eingerichtet. Auf der Terrasse wird dort nun mittags zwischen Zitronenbäumchen und weißen Dipladenien die traditionelle Tomatensuppe serviert, ein fruchtig-salziges Mus. Sie lässt noch Platz für das Vin Santo Semifreddo mit karamellisierten Mandeln und Cantuccini.

Wer lieber selber kocht: In der Villa Hombert gibt es drei Ferienwohnungen mit Küche. „Viele Gäste reisen mit ihren Köchen an", erzählt Trambusti, die Schauspielerin Jessica Alba etwa wollte ihr veganes Menü wie zu Hause – und aß dann am Ende doch fast immer im Restaurant.

Kein Wunder. Im „Il Verrocchio", früher der Pferdestall, sitzen die Gäste auf einer Terrasse über der Ufermauer. Besonders schön ist es dort früh am Morgen, wenn die Sonne über die östlichen Hügel mit ihren vereinzelten Villen flutet und der Arno glitzert. Auch beim Dinner geht es dort leger zu, die Kellner in weißen Hemden und Westen sind freundlich und unaufdringlich, ein Pianist klimpert Schmachtklassiker. Wer ruhiger dinieren will, bucht die Tafel im Weinkeller. Und lässt sich vom Sommelier die besten Flaschen der umliegenden Anbauregion Chianti Rufina erklären.

Für den Absacker geht es dann hinüber in die „Bar Mediceo", wo der Barkeeper Alessio Baneschi hinter der Marmorplatte des Tresens steht und von der Kunst des Aperitivos erzählt. Und vom Negroni, der vor etwa 100 Jahren in Florenz erfunden wurde. „Ändert man nur eine Zutat, so ändert man den gesamten Cocktail", sagt der 32-Jährige. Und wer sich länger mit ihm unterhält, erfährt vielleicht sogar die Rezepte jener Signature Drinks, die er der ehrwürdigen Geschichte des Hauses und seinen unsterblichen Gästen gewidmet hat: „Ziggy Stardust" und „Like a Virgin". ❖

In „La Limonaia" überwinterten einst die Zitronenbäumchen. Heute übernachten dort Gäste mit Blick auf den Arno

Dolce im Bistro „L'Oliveto": das Vin Santo Semifreddo mit karamellisierten Mandeln und Cantuccini

Das Hotel
Die „Villa La Massa" ist das perfekte Basislager, um das rund acht Kilometer westlich gelegene Florenz zu erkunden. Zugleich logieren die Gäste in einer grünen Oase inmitten von Hügeln voller Olivenhaine. Und wer einen Tag aussetzen möchte im Sightseeing- und Kulturprogramm, wird dies dank Pool, Park und Spa nicht bereuen. Doppelzimmer inklusive Frühstück ab 580 Euro.
● ● ● ●
Via della Massa 24
www.villalamassa.com

Ausflug in die Wälder
Gäste der Villa können im Herbst mit Profi und Hund auf Trüffelsuche gehen. In den Wäldern wachsen vor allem schwarze Trüffel, hin und wieder findet sich ein weißer. Kleiner Haken: Die Schätze behält der Guide.

Ausflug nach Florenz
So schön sie ist, die Altstadt kann sehr anstrengend sein. Wer vom Trubel eine Pause möchte, der verlege sie auf den Fluss. Unterhalb der Camera di Commercio liegen schmale Holzboote. Ein Renaiolo stakt solch ein Boot mit einer Holzstange voran. Die Saison dauert je nach Wetterlage von April/Mai bis September/Oktober – einige Tage im Voraus buchen! Noch früher buchen sollte man einen Tisch im Restaurant „Atto", das 2022 im Luxushotel „Palazzo Portinari Salviati" eröffnet hat. Im hallengroßen Foyer speisen die Gäste dort zwischen Renaissance-Säulen, Wandteppichen und einem Kirchenfresko aus dem 14. Jahrhundert. „Ich musste nur Stühle reinstellen", sagt Koch Vito Mollica, „und schon war es das schönste Bistro der Welt." Den ersten Michelin-Stern bekam er umgehend.
Bootstouren: www.renaioli.it
Atto: Via del Corso 6
www.ldchotelsitaly.com

FOTOS: FANI KURTI/VILLA LA MASSA, FLORIAN SANKTJOHANSER

Verkuppelt mit der Natur

Ein futuristisches Baumhaus, ein Glas-Iglu, eine arktische Suite: Kleine Oasen der Gemütlichkeit machen Winterpanoramen zum Fernseh-Programm – und bringen Polarlichter direkt ins Schlafzimmer

LEVIN IGLUT
FINNLAND

Wie in einer Seifenblase schläft man hier, im Norden Finnlands. Die wilde Landschaft wäre für sich schon Grund genug, den Weg nach Lappland auf sich zu nehmen. Wenn zwischen September und März aber auch noch Polarlichter über den Himmel tanzen und der Nacht ein mystisches Leuchten verleihen, möchte man seine gemütliche Seifenblase gar nicht mehr verlassen. 27 Iglus betreibt die Familie Mäkelä in der Region um Kittilä, einem beliebten Wintersportgebiet. Jedes einzelne ist sehr behaglich eingerichtet, einige haben einen eigenen Whirlpool.

Ab ca. 370 Euro
www.leviniglut.net

Farbenmeer am Tag,
Polarlichter in der Nacht:
Das ist Finnland im Herbst

TREEHOTEL

SCHWEDEN

Ein wahrlich immersives Erlebnis: einzutauchen in diesen Kiefernwald im Norden Schwedens. Acht einzigartige Behausungen, von verschiedenen Architekten gestaltet, scheinen mit ihm zu verwachsen. Der verspiegelte „Mirrorcube" etwa wirkt wie eine Fata Morgana mitten im Wald, „Bird's nest" wie ein überdimensionales Vogelnest. Zur Anlage gehören aber auch ein kleines, ganz normales Gästehaus, eine Sauna und ein Restaurant, in dem mit schwedischen Rezepten und Zutaten aus der Umgebung gearbeitet wird.

Mirrorcube ab ca. 600 Euro, www.treehotel.se

24/7-Blick in den Himmel: aus den Glas-Iglus im finnischen Kakslauttanen

Die Fassade des „Mirrorcube" spiegelt den Nadelwald

KAKSLAUTTANEN ARCTIC RESORT

FINNLAND

Wie soll man denn so einschlafen? Die Schneedecke lässt das Winterpanorama Nordfinnlands taghell wirken. Anders betrachtet: So wird Einschlafen zum Erlebnis, oft begleitet von leuchtenden Polarlichtern. Da wäre frühes Einschlafen doch eigentlich eine Schande. Wer dennoch lieber etwas mehr feste Struktur um sich haben möchte, kann in Kakslauttanen auch Blockhütten mieten, an die Glaskuppeln nur angedockt sind. Die ganze Anlage mit insgesamt 207 Zimmern liegt etwa 250 Kilometer nördlich des Polarkreises, ganz in der Nähe des größten finnischen Nationalparks Urho Kekkonen. Sie ist umgeben von einer traumhaften Fjelllandschaft mit jeder Menge Möglichkeiten, sich tagsüber draußen zu bewegen. Luft und Wasser gelten hier als besonders sauber und gesund. Wer braucht da noch Schlaf?

Ab ca. 260 Euro, www.kakslauttanen.fi

Der „Mirrorcube" von innen, „Bird's nest" von außen (links)

FOTOS: TREEHOTEL (2), PETER LUNDSTRÖM, VALTTERI HIRVONEN

So wenig Beleuchtung wie möglich am Boden, damit die Polarlichter ihren ganz großen Auftritt haben.

FOTOS: TOR HVEEM (2)

ARCTIC TREE HOUSE HOTEL

FINNLAND

Die quaderförmigen Suiten bestehen aus finnischem Holz, ihre Dächer sind begrünt, die Beleuchtung des gesamten Ensembles ist so zurückhaltend wie möglich: Sie fügen sich gut ein in die Wälder rund um Rovaniemi, das Finnisch-Lapplands Hauptstadt ist und als Heimat des Weihnachtsmannes gilt. Insgesamt hat das Hotel 60 Suiten verschiedener Größe im Angebot, einen grandiosen Blick Richtung Sternenhimmel und Polarlichter haben sie alle. Manche Gäste können selber kochen, es gibt aber auch ein gutes Restaurant.

Ab ca. 350 Euro, www.arctictreehousehotel.com

Hochgefühle: beim Blick aus dem „Woodnest" über den Hardangerfjord

So weiß, so gut: Wenn sich der Schnee über die Wälder legt, sehen Innen und Außen sich gar nicht so unähnlich

WOODNEST ODDA TREEHOUSE

NORWEGEN

Aus der Sicht eines Tannenzapfens wirkt der Hardangerfjord besonders majestätisch. Warum Tannenzapfen? Weil er den norwegischen Architekten von Helen & Hard als Vorbild für ihre Baumhäuser gedient hat. Auch für die Innenräume orientierten sie sich an der heimischen Natur und nutzten regionales Material. Die Unterkunft nahe dem kleinen Ort Odda ist mit tiefen Fenstern, fließendem Wasser und Fußbodenheizung ausgestattet. Eine Luxus-Variante des kindlichen Baumhaus-Traums!

Ab ca. 285 Euro, www.woodnest.no

Mit Fingerspitzengefühl tragen
die Spezialisten Blattgold auf

Formvollendet

Lothringen gilt als das Zentrum der französischen Glaskunst. Zu den
bekanntesten Manufakturen gehört Daum in Nancy. Bis die Vasen
und Skulpturen fertig sind, braucht es Erfahrung, Können – und Muße

VON JOHANNES TESCHNER

**Unter der Gipsummantelung
erscheint das Werk, mal
eine Vase, mal eine Skulptur**

Maxime Laugaudin ist enttäuscht. Mit Hammer und Meißel, Säge, Feile und seinen bloßen Händen hat er einen Pfauen-Kaiserfisch vorsichtig aus einer Gipsummantelung befreit, mit Wasser gereinigt – und muss nun erkennen, dass die blau-gelbe Glasskulptur eine kleine, auf den ersten Blick kaum auszumachende Macke hat. „Kaputt", sagt der 26-Jährige, „da kann man nichts machen."

Er kennt den langen Weg, den die Skulptur bis hierhin zurückgelegt hat, vom ersten Entwurf über die vielen Korrekturen, die Erstellung der Gussform, der Farbmischung und den Wochen im Ofen. Ihm ist bewusst, dass das gut 30 Zentimeter lange Werk im Laden von Daum, der einen Kilometer von der Manufaktur entfernt an Nancys Prachtplatz liegt, 13 200 Euro kostet. Doch Laugaudin, der von sich selbst sagt, er sei „in Glas verknallt", weiß auch: Schwund gehört bei dieser Arbeit dazu.

Die traditionsreiche lothringische Glasmanufaktur Daum ist ein Ort der Exklusivität, der Finesse – und der Fragilität. „Ungefähr 20 bis 30 Prozent unserer Stücke erleiden bei der Herstellung Schäden und müssen entsorgt werden", sagt Produktionsleiter Damien Leroy. Das liegt zum einen an einer besonders aufwendigen Herstellungsweise, die das Unternehmen pflegt, der Modellierung mit Kristallglaspaste. Zum anderen liegt es an seiner speziellen Ästhetik, die vor mehr als 100 Jahren aus der Krise geboren wurde.

Als der Notar Jean Daum 1878 eine Glashütte in Nancy übernimmt, stellt seine Firma herkömmliche Gläser, Karaffen und Tassen her. Schön sind sie, oft filigran verziert, aber doch Gebrauchsgegenstände, nicht genug, um auf dem umkämpften Markt der althergebrachten Glasmacherregion Lothringen zu bestehen. Daums Söhne richten das defizitäre Familienunternehmen Ende des 19. Jahrhunderts neu aus. Leiten lassen sie sich dabei von der Kunstrichtung ihrer Zeit: dem Jugendstil. ➤

Schleifen, feilen, schmirgeln: Viele Schritte sind nötig, bis ein Stück fehlerfrei fertiggestellt ist

Mit der damals neuartigen Manier wollen Kunstschaffende der von ihnen als hässlich und eintönig empfundenen industrialisierten Massenproduktion Anmut und Einzigartigkeit entgegensetzen. Ihre Werke sollen nicht nur Ausstellungsräume für ausgesuchtes Publikum bestücken, sondern den Alltag durchdringen, das Leben möglichst vieler Menschen durch Schönheit bereichern. Ihre Inspiration finden sie in der Natur mit ihrer schier unendlichen Formenvielfalt, ihren geschwungenen Linien, ihrer Farbenpracht. Die Stadt Nancy wird ein Zentrum des Jugendstils. Fortan bringt Daum Vasen heraus, die sich wie Blüten entfalten, Skulpturen, mit denen die Eleganz von Körpern betont wird, etwa von Pferden und Schmetterlingen, auch von Frauen. Dabei experimentiert die nun zunehmend erfolgreiche Manufaktur über die Jahrzehnte mit unterschiedlichsten Techniken, setzt etwa mundgeblasene Glasschichten aufeinander. Ab den vierziger Jahren legt sie sich auf Kristallglaspaste fest. Das Material enthält nicht nur Glas, sondern auch Blei und je nach Farbe weitere Metalloxide (für Rot etwa Gold, für Blau Kobalt). Es ist formbarer als reines Glas und erlaubt mehr gestalterische Raffinessen.

Diese Möglichkeiten nutzt das Unternehmen, lässt einzelne Stücke oder ganze Kollektionen von Künstlern gestalten, darunter Salvador Dalí, der für Daum unter anderem 1973 einen stilisierten Fisch mit Luftblase im Maul entwirft. Gänzlich freie Hand lässt die Manufaktur den Kreativen aber nicht. Die Entwürfe müssten zur „DNA von Daum" passen, wie Damien Leroy sagt.

Der 46-jährige Ingenieur hat vor Daum bei Baccarat gearbeitet, der zweiten großen lothringischen Traditionskristallerie. „Baccarat, das bedeutet Kanten, klare Linien, Transparenz", sagt er. „Daum dagegen steht für Schwünge, Farben, Skulpturen." Leroy ist in Nancy Chef von etwa 20 Mitarbeitern. Im rund 40 Kilometer entfernten Vannes-le-Châtel betreibt die Firma noch eine größere Produktionsstätte. Dort werden die Stücke hergestellt, sobald sie serienreif sind, zudem Tischservices und Schmuck. „Aber hier", sagt Leroy, „ist das Labor von Daum, hier entstehen die neuen Kreationen."

Einer der Künstler, mit denen die Manufaktur regelmäßig zusammenarbeitet, ist der Franzose Emilio Robba. Wenn er aus Paris oder Miami nach Nancy reist, hat er oft Fotos von Pflanzen dabei, die ihn begeistern. Er genieße es, seine Ideen für neue Stücke mit dem Team von Daum zu besprechen, sagt er. „Ich habe hier jedes Mal das Gefühl, mich in der Wiege der Glasherstellung zu befinden."

Jeder seiner Entwürfe wird zunächst von einem der sechs Modellierer der Manufaktur in Ton umgesetzt. Meist haben sie an Kunsthochschulen studiert, wie Clément Daups, der schätzt, dass er für die Walflosse, die er gerade formt, etwa 200 Stunden brauchen wird. Oder Léonie Harnois, die an einer Schwertfisch-Skulptur arbeitet. „Unsere Modellierer müssen in der Lage sein, den Kreationen Leben einzuhauchen", sagt Damien Leroy. „Das kann man nicht von jetzt auf gleich lernen, das braucht Zeit und Muße."

Jedes Stück wird nach Makeln abgesucht

Mithilfe der Tonmodelle stellen seine Mitarbeiter erst nach mehreren Korrekturrunden finale Gussformen aus Gips her, die innen mit Silikon ausgelegt sind, was ein feineres Formenspiel erlaubt. In die Gussform kommt zunächst flüssiges Wachs; wenn es nach bis zu 24 Stunden hart ist, bietet die Wachsskulptur eine letzte Möglichkeit, die Kreation auf Mängel hin zu prüfen, bevor die Kristallglaspaste zum Einsatz kommt.

Sie lagert, kalt, hart und sortiert nach Farben, in Dutzenden Kartons im ersten Stock der Manufaktur. Die aprikosengroßen Stücke liefert stets die Zweigstelle in Vannes-le-Châtel. „Und doch sind sie nie genau gleich", sagt Damien Leroy. Die Zusammensetzung der Paste ist kompliziert, schon kleinste Abweichungen verändern ihre Eigenschaften. Sie ist ein lebendiges Material."

Das sei einer der Hauptgründe für den Schwund, sagt Leroy, zumal manche Farben wegen ihrer chemischen Zusammensetzungen nicht gut miteinander könnten, es bei ihrem Aufeinandertreffen vermehrt zu Rissen und Luftblasen käme. „Wenn ein Künstler eine neue Kreation mit problematischer Farbkombination möchte, schlagen wir hier schon mal die Hände über dem Kopf zusammen."

Um den gewünschten Farbverlauf zu treffen, werden die Kristallglasstücke in entsprechender Schichtung in einen handelsüblichen Blumentopf aus Terrakotta gefüllt. Der kommt auf die Gussform, die oben eine Öffnung hat, und beides zusammen in den Ofen. Bei 900 Grad Celsius bleiben sie dort mehrere Wochen, in denen die Paste flüssig wird, durch das Loch im Boden des Terrakottatopfes in die Form fließt und anschließend bei Raumtemperatur wieder erhärtet.

Dann kommt Maxime Laugaudin mit seinen Werkzeugen und holt die Skulptur aus der Gipsummantelung. Er trägt dabei wegen des feinen Gipsstaubes eine Atemmaske. Bei großen Stücken kann diese Arbeit bis zu acht Stunden dauern. Und nicht selten muss er am Ende feststellen, dass etwa der Farbverlauf nicht herauskommt wie gewünscht oder zu viele Blasen zu sehen sind. „Das gehört zum Job", sagt er. Auch die Mitarbeiter, die den Skulpturen mit Sandstrahlern, feinem Schmirgelpapier und Stofftüchern den letzten Feinschliff geben, haben Masken vor Mund und Nase. Mit grellen Lampen suchen sie jedes Werk nach bisher unentdeckten Makeln ab. Sind sie zufrieden, kommt die Arbeit auf einen langen Tisch zur finalen Abnahme durch Leroy und einige Kollegen.

Erst wenn sie diese bestanden hat, wird dem Stück als letzter Schritt der Schriftzug Daum eingraviert. ❖

Auf Grundlage einer Skizze fertigen Modellierer eine erste Version aus Ton an

Das Gebäude des Musée des Beaux-Arts in Nancy gehört als Teil eines Ensembles zum Weltkulturerbe ...

... und beherbergt mehr als 900 Objekte der Manufaktur Daum, etwa 300 davon werden gezeigt

Anreise

Mit der Bahn kann man zum Beispiel ab Frankfurt über Straßburg nach Nancy fahren, was insgesamt etwa fünf Stunden dauert.

Hotels

Hotel de Guise
Jedes der 49 Zimmer im Altstadtpalais ist ein wenig anders, mal mit historischen Türen zu modernen Möbeln, mal mit verschnörkelten Tapeten und geschwungenen Sofas. Sehr freundlicher Service.

Nancy, 18 Rue de Guise
www.hoteldeguise.com

Mercure Nancy Centre
Beliebtes, sehr zentral gelegenes Hotel. Die Atmosphäre beim reichhaltigen Frühstücksbüfett ist locker und familiär.

Nancy, 5 Rue des Carmes
www.all.accor.com

Domaine de la Résidence
Die modernen Lodges in der Nähe von Metz haben eigene Terrassen und sind umgeben von hohen Bäumen an einem See. Es gibt einen Wellness-

Bereich mit Sauna, Hamam und Pool.

Moulins-les-Metz, 1 Rue Cambout de Coislin, www.domaineresidence.com

Restaurants

Quai des saveurs
Küchenchef Frédéric Sandrini hat für seine Küche mit regionalen Produkten einen Michelin-Stern bekommen. Mehrmals in der Woche gibt es Überraschungsmenüs, mittags mit drei, abends mit sechs Gängen.

Hagondange
69 Rue de la Gare
www.quaidessaveurs.com

Brasserie Excelsior
Seit 1911 speist man hier im Art-nouveau-Ambiente mit verschnörkelten Decken, Möbeln aus Mahagoni, geschwungenen Jugendstil-Leuchten. Exzellente Nachspeisen.

Nancy, 50 Rue Henri-Poincaré, www.excelsior-nancy.fr

À la Table Du Bon Roi Stanislas
Jonathan Seeleuthner und Yvain Rollot haben Rezepte aus dem 18. Jahrhundert aufgespürt und kochen sie modern verfeinert

nach. Es gibt etwa Perlhuhn mit Feigenconfit und Rotwein-Sauce.

Nancy, 7 Rue Gustave Simon, http://tablestan.free.fr

Kultur

Musée des Beaux-Arts
Nancys Museum der Bildenden Künste bietet nicht nur eine beeindruckende Sammlung von Stücken der Glasmanufaktur Daum. Es ist auch darüber hinaus eine echte Schatzkammer und bemerkenswert gut aufgestellt, etwa mit Gemälden von Claude Monet oder Caravaggio.

Nancy, 3 Place Stanislas
https://musee-des-beaux-arts.nancy.fr

Nancys Altstadt
Die eigentliche Altstadt erstreckt sich nordwestlich der berühmten Place Stanislas. In den verträumten Gassen liegen viele kleine Boutiquen, Restaurants und Bäckereien, und hier erhebt sich auch prächtig die Basilika Saint-Epvre.

L'Atelier / Espace Dedon
Co-Working-Space und Atelier mit Läden in einem: In der ehemaligen

Kaserne arbeiten seit 2020 Künstler wie der Glas-Designer Antonio Cos oder die Keramikerin Margaux Lorrain. Nicht immer sind alle da, aber einfach vorbeikommen lohnt sich. Dienstag, Donnerstag und Freitag hat die Brasserie mit angeschlossener Bar ab dem frühen Abend geöffnet.

Toul, Rue Pierre-Aimé Bouge, https://www.facebook.com/latelierespacedecreationtoul, Brasserie: www.brasseriecheval.fr

Manufakturen

Daum
Die Manufaktur kann man nicht besichtigen, aber an Nancys zentralem Prachtplatz bietet Daum in seinem Geschäft seine Glaskunst an, von kleinen Figuren bis hin zu gewaltigen Vasen und Skulpturen.

Nancy, 14 Place Stanislas
www.daum.fr

Baccarat
1764 wurde zwischen Nancy und Straßburg das Unternehmen gegründet, das heute einer der zwei großen Player in der lothringischen Glasproduktion ist. Es gibt eine Ausstellung in Paris und eine Galerie mit Café

nahe der Manufaktur, die bis zum 15. September 2024 eine Ausstellung mit Stücken berühmter Baccarat-Sammler wie Josephine Baker, Marilyn Monroe und Karl Lagerfeld zeigt.

Baccarat, 13 Rue du Port
www.baccarat.com

Saint-Louis
Eine der ältesten Kristallmanufakturen Europas bietet ihre Luxus-Karaffen, Champagnergläser und Kerzenständer nach einer Besichtigung des Kristallmuseums günstiger an. Bei Führungen kann man unter anderem beobachten, wie das Kristall geschliffen wird.

Saint-Louis-lès-Bitche
Rue Coëtlosquet
www.saint-louis.com

Glaskunstzentrum Meisenthal
Produziert wird hier seit 1969 nicht mehr. Doch seit 1992 gibt es ein tolles Museum in der ehemaligen Glashütte. Es zeigt die Produktion nicht nur in Filmen und Vitrinen; Besucher können Glasbläsern bei der Arbeit zusehen.

Meisenthal, Place Robert Schuman, www.site-verrier-meisenthal.fr

MERIAN GOURMET-GUIDE
VON OLAF DEHARDE

Zürich: zu Tisch bei Pionieren

In der größten Stadt der Schweiz verschmelzen Tradition und Moderne
wie der Käse in einem Fondue, findet MERIAN-Autor und
Fotograf Olaf Deharde. Die besten Adressen hat er mitgebracht

Seit rund 100 Jahren ist die „Kronenhalle" (links) ein Treffpunkt für Genussmenschen. Im „Blooms" freuen sie
sich über Rote Bete im Barbecue-Stil mit
Kräutern, Bucheckern und Kaffee

In der „Gamper Bar" werden zum Wein Sardellen mit Oliven und Peperoni serviert

Für die beste Aussicht: auf die Terrasse der „Fischerstube Zürihorn". Für den besten Käse: zum „Chäs Chäller"

Fleischloser Genuss

Hiltl
Der Veggie-Vorreiter

Seit 1898 wird hier im „Haus Hiltl" alles ohne Fleisch zubereitet. Zumindest laut Guinness-Buch der Rekorde ist das „Hiltl" damit das älteste vegetarische Restaurant der Welt. Ein Highlight ist das reichhaltige Büfett, das die Gäste jeden Tag zu einem fleischlosen Streifzug um die Welt einlädt: frische Salate, exotische Currys, duftende Suppen, knuspriges Brot. Wer es etwas ruhiger mag, kann in den hinteren Räumen von der Karte bestellen und zum Beispiel ein hervorragendes vegetarisches Cordon bleu probieren. Auch Lehrgänge und Kochkurse zur vegetarischen und lokalen Küche werden angeboten. Das „Hiltl" ist ein Ort der Innovation und Nachhaltigkeit, das Engagement für Umweltschutz und ethische Prinzipien ist deutlich spürbar.
Sihlstr. 28, www.hiltl.ch

Neue Taverne
Delikate Gemüseküche

In dem Restaurant, das der Schweizer Koch Nenad Mlinarevic mitentwickelt hat, dreht sich alles um regionales Gemüse. Das Lokal mit holzvertäfelten Wänden wirkt gleich gemütlich, die etwas enge Bestuhlung lädt zum Plaudern mit dem Nachbartisch ein. Mlinarevic schafft es, gehobene, fast immer vegetarische Küche im Tavernen-Style zu servieren. Auf den Tisch kommen auch mal rustikal anmutende Gerichte, die ihre feine Abstimmung erst im Mund zur Geltung bringen.
Glockengasse 8, www.neuetaverne.ch

Blooms
Feines im und aus dem Garten

Das neue Restaurant des legendären Hotels „The Dolder Grand" (siehe S. 181) befindet sich in einem eigens angelegten Gemüse- und Kräutergarten. Gekocht wird ausschließlich regional, saisonal und vegetarisch. In der terrassenartigen Grünanlage servieren Heiko Nieder und sein Team zwischen Gemüsebeeten, Kräutern und Obststräuchern ihre raffinierten Gerichte – allerdings wetterbedingt leider nur um die Zeit von Juli bis Anfang Oktober. Zu dieser Zeit haben sowohl der Garten als auch die Stadt selbst am meisten zu bieten.

Kurhausstr. 65, www.thedoldergrand.com/restaurant-blooms

Ein Tisch am See

Fischerstube Zürihorn
Gute Stube auf dem Wasser

Das Restaurant am Zürichhorn ist ein verborgener Schatz inmitten des geschäftigen Treibens dieser Stadt, ein Ort, der sich seinen Charme auch nach der großen Neugestaltung vor einigen Jahren bewahrt hat. Die Atmosphäre in dem Pfahlbau mit Schilfdach ist einzigartig: Die Gäste sitzen eng beieinander, und das Summen von Gesprächen und das Klappern von Besteck erfüllen den Gastraum. Hier kommen Menschen zusammen, um die Freude am Essen – insbesondere an Fischgerichten – zu teilen. Die Aussicht auf den Zürichsee ist unvergleichlich, an einem sonnigen Tag auf der Holzterrasse möchte man seinen Platz gar nicht mehr hergeben.

Bellerivestr. 160
www.fischerstube-zuerich.ch

Wöschi
Neue Kochkunst in der Waschanstalt

Allein die aromenstarke, vor Kurzem mit einem Michelin-Stern ausgezeichnete Küche von David Klocksin lohnt einen Abstecher nach Wollishofen. Und dann auch noch diese Aussicht: Vom Gastraum mit bodentiefen Fenstern und von der Terrasse geht der Blick durch ein paar Büsche und Bäume direkt aufs Wasser. Zusammen mit Stephanie Ospelt bietet Klocksin in der ehemaligen Waschanstalt abends mit einem wechselnden Überraschungsmenü bestes casual fine dining – und am Sonntag einen feinen Brunch.

Seestr. 457, www.woeschi.ch

David Klocksin kreiert in der „Wöschi" Gerichte wie diesen Gemüseteller mit Basilikumöl

Feinarbeit: Im „Bocuci" zelebriert Tiziano Calò die italienische Küche, etwa durch Spaghettoni mit schwarzem Knoblauch

FOTOS: OLAF DEHARDE (6), YANIK BÜRKLI

Genuss-Duett: Zuerst ein mit Rote Bete gebeizter Lachs in der „Fischerstube", später ein Eis vom „Eisvogel"

Geliebte Klassiker

Sternen Grill
Die Imbiss-Instanz

Seit Generationen strömen Hungrige hierher, um die Köstlichkeiten zu probieren, die in dieser bescheidenen Imbissbude zubereitet werden: Currywurst etwa, St. Galler Bratwurst oder pikante Salsiccia mit Bürli und – Achtung! sehr scharfem – Senf. Es ist ein Ort, an dem die Zeit stillzustehen scheint, an dem die Geschichten der Stadt in den Rauchschwaden über den Grills aufgehen und das Glück in den Gesichtern der Gäste glänzt.
Theaterstr. 22, www.sternengrill.ch

Kronenhalle
Eine Legende voller Kunst

Hier haben sich bereits Coco Chanel, Max Frisch und Marc Chagall zurückgelehnt: Seit rund 100 Jahren ist die legendäre „Kronenhalle" Anziehungspunkt für Künstler und Genussmenschen aus aller Welt. Die Institution ist ein fester Wert in der Zürcher Gastro-Szene, und das Zürcher Geschnetzelte, die Leberklöße oder das vegetarische Tatar sind allein schon eine Reise wert. Mit ihrer eleganten Einrichtung und der beeindruckenden Kunstsammlung bietet die „Kronenhalle" außerdem eine unvergleichliche Atmosphäre.
Rämistr. 4, www.kronenhalle.com

Länder-Hopping

Bocuci
Alles Gute aus Bella Italia

Wie der Name sagt, sowohl zum Einkaufen als auch zum Einkehren eine gute Adresse: Das „Bocuci" ist einerseits eine bottega, ein Geschäft mit Wein und allerlei Köstlichkeiten aus Italien. Andererseits gibt es hier auch eine cucina. Darin kocht das Team um Tiziano Calò mittags wie abends italienisch – authentisch und richtig gut. Die Gastgeber

Monika und Salvatore Barranca setzten auf Qualität, auf der Karte stehen Gerichte wie Hirschcarpaccio mit Pilzen und Senfkastanien oder gebratener Zander mit Pak Choi und einer frischen Zitrussauce.

Leonhardstr. 1, www.zurich.bocuci.ch

Gül
Authentische türkische Küche

Das Restaurant bringt echtes Istanbul-Feeling nach Zürich. Köstliche Meze, frische Pide und Lahmacun aus dem Holzofen und Grillgerichte: Wer hier einkehrt, weiß danach, wie türkische Küche jenseits von Döner Kebab schmeckt. Herausragend ist auch die Schnellversion „Gül Express" direkt am Bahnhof – die erste Adresse für alle, die dort mit großem Hunger gerade angekommen sind – oder bald losfahren.

Gül Restaurant: Tellstr. 22, Gül Express: Zollstr. 11; www.guel.ch

Rosi
Die spinnen, die Bayern!

Markus Stöckle kommt aus dem Allgäu und ist eigentlich nur aus Versehen in Zürich gestrandet. Mit

Mittendrin: Die Zürcher Altstadt an der Limmat hat viel Charme und wird kulinarisch immer spannender

Wie der Markt auf dem Bürkliplatz zeigt die „Neue Taverne", was die Saison gerade hergibt: hier Austernpilz-Spieße mit Teriyaki-Sauce und Miso-Mayo

Auch das Cordon bleu ist im „Hiltl" vegetarisch,
so wie alles – hier schon seit 125 Jahren

Ein Cordon bleu ganz ohne Fleisch?
Aber gerne doch! Zürich feiert die kulinarische
Vielfalt und ist stets offen für neue Ideen

dem „Rosi" hebt er dort die bayrische Küche auf ein neues Niveau. Obatzter, Leberkäs-Semmel oder Armer Ritter werden auf besonders kreative und überraschende Weise kredenzt. Das „Wirtshaus Maximus Menu" wird sowohl auf der Terrasse als auch in der Gaststube zu einem Erlebnis der besonderen Art. Inspiriert von der Hofküche König Ludwigs versprechen absurde Gerichte wie Wachtel auf Schildkröten-Art oder auf den Punkt gegartes Kalb im Huhn einen kurzweiligen Abend.
Sihlfeldstr. 89, www.rosi.restaurant

Bars

Old Crow Bar
Geistvolle Raritäten

Die Bar ist ein Kapitel in Zürichs Nachtleben, das von Markus Blattner mit beispielloser Hingabe geschrieben wird. Vieles, was auf der Karte steht, stammt aus seiner persönlichen Spirituosen-Sammlung. Und wer sich auf dem Gebiet der hochprozentigen Getränke auskennt, weiß, dass hier Großes geboten wird: Es gibt Gins, die längst nicht mehr produziert werden, ultrarare Rumsorten und allein rund 900 verschiedene Whiskeys. Der amerikanische Lieblingswhiskey von Mark Twain gab der Bar seinen Namen.
Schwanengasse 4, www.oldcrow.ch

Gamper Bar
Wein und Sardinen

Lieblingsbar, Wohlfühlort oder zweites Wohnzimmer. Das sind für viele passende Zweitnamen für diesen wunderbaren kleinen Eck-Laden. Dort gibt es eine feine Weinauswahl, Champagner, Jahrgangssardinen und

extrem gut ausgewählten Käse und Aufschnitt. Der ideale Ort, um sich am Nachmittag bereits auf den Abend zu freuen. Aber Vorsicht, der Absprung fällt schwer!
Dienerstr. 75, www.gamper-bar.ch

Widder Bar
Die Bilderbuch-Hotelbar

Täglich ab zwölf Uhr bis spät ist diese Institution unter den Bars geöffnet. Sie gilt als eine der besten Hotelbars Europas und kann mit einer gut bestückten Spirituosenauswahl und eigens kreierten Drinks auch weit gereiste Cocktailtrinker überzeugen. Cocktails wie der rauchig-fruchtigsaure „Bela Lugosi" oder der „Miyako", der mit einer leichten Salzbrise daherkommt, sind besonders zu empfehlen. Wer keinen Alkohol trinken möchte, findet Mocktails auf der Karte, für die das eigens betriebene Versuchslabor sensationelle Geschmäcker entwickelt.
Im Hotel „Widder", Rennweg 7
www.widderhotel.com

Bäckereien, Café und Eis

Bäckerei Vohdin
Klein, aber oho

Elvira und Urs Vohdin betreiben in der Altstadt jene Bäckerei, die als kleinste und älteste in Zürich gilt. Gebacken wird nach traditionellen Rezepten im Steinofen, verkauft durch ein kleines Fenster zur Straße. Zu empfehlen sind die Brezeln nach einem Rezept von 1945 und die Pignoli, ein Hefegebäck mit Marzipan und Pinienkernen. Am besten kommt man früh, die Regale in dem gerade mal gut vier Quadratmeter großen Laden werden rasant leer geputzt.
Oberdorfstr. 12

Die „Widder Bar" ist legendär – auch wegen Cocktails wie dem „Bela Lugosi" mit Mezcal, Limette und Blaubeere

Die Küche im „Blooms" basiert auf Gemüse, Obst und Kräutern aus dem eigenen Garten

Stadt am Wasser: Im Hotel „Storchen"
gibt es nicht nur eine Zigarrenbar,
sondern auch eine Terrasse mit Blick
über die Münsterbrücke bis zu den Alpen

John Baker
Zurück zu echtem Handwerk

Die gläserne Bäckerei in der Bahnhofstraße ist der neueste Geniestreich von Jens Jung aka John Baker. Der innovative Bäcker nutzt Bio-Produkte, arbeitet mit Sauerteigen und langen Gehzeiten. Egal, ob knuspriges Ruchbrot, belegte Brote oder Brioches: Hier geht tatsächlich alles weg wie warme Semmeln.
Bahnhofstr. 9, www.johnbaker.ch

Miró
Blumig-fruchtiger Kaffee

Das „Miró" ist Café und Rösterei in einem. Daniel und David Sanchez veredeln Rohkaffee zu einem Hochgenuss. Ob aus Kenia, Äthiopien, Costa Rica oder Mexiko: Ziel ist es immer, dem Kaffee seine floralen und beerigen Aromen zu entlocken. Dazu gibt es Süßes wie Granola mit frischen Früchten oder Deftiges wie hausgemachte Tortillas oder die fantastischen Schinken-Käse-Croissants.
Brauerstr. 58, www.mirocoffee.co

Eisvogel
Die Eis-Expertinnen

Tine Giacobbo und Katharina Sinniger beschränken sich auf wenige, zur Saison passende Eissorten – und die machen sie richtig gut.
Ottostr. 15, www.zentrale.ch

Shopping

Chäs Chäller
Himmlischer Käse

Die Auslage ist voller Schweizer Käse von bester Qualität: im Felskeller ausgereifter Gruyère, Emmentaler erster Güte oder die vielfältigen Käsesorten der Käse-Manufaktur Jumi. Viele schwören auch auf die würzige Fondue-Mischung aus diesem Laden. Spezialitäten von kleinen Produzenten, etwa Whisky aus den Alpen, ergänzen das Käsesortiment.
Niederdorfstr. 46, www.urbanfoodstore.ch

Laflor
Schokolade „Bean to Bar"

Schokolade darf bei einem Zürich-Besuch nicht fehlen. Diese junge Manufaktur legt ihren Fokus auf die Herkunft, den nachhaltigen Anbau und den direkten Kontakt zu den Bauern. Nach dem sogenannten „Bean-to-Bar"-Konzept werden die verschiedenen Aromen einzelner Anbaugebiete und Farmen herausgearbeitet, um so jeweils deren authentischen und einzigartigen Geschmack in die Tafel zu bringen. Die Manufaktur kann mit vorheriger Anmeldung besichtigt werden. Kaufen kann man die Schokolade auch bei „Schwarzenbach", einem Traditionsladen mit großer Auswahl an Kaffee, Tee, Schokolade und vielen weiteren Delikatessen.
Uetlibergstr. 65, www.laflor.ch
Schwarzenbach: Münstergasse 17/19
www.schwarzenbach.ch

Tabak-Lädeli
Pfeifen, Zigarren und viel Zeit

Seit mehr als 30 Jahren qualmt es in René Wagners kleinem Lädchen in der Storchengasse. Ob Zigarren, handgemachte Pfeifen oder Tabak: Wenn es ums Thema Rauchen geht, ist Wagner bestens im Bilde. Auch Nichtraucher sind willkommen, denn für ein kleines Pläuschchen ist immer Zeit. Ganz mondän gequalmt werden kann übrigens in der „Cigar Bar" im Hotel „Storchen", direkt gegenüber.
Storchengasse 19
https://shop.wagner-tabak-laedeli.com
Cigar Bar: im Hotel „Storchen",
Weinplatz 2, www.storchen.ch

Anreise

Wer mit dem Zug anreist, ist gleich mittendrin im Geschehen: Der Hauptbahnhof liegt äußerst zentral und ist mit allen größeren deutschen Städten verbunden. Er ist eine eigene kleine Shopping-Welt und beherbergt auch eine Touristen-Information. Die Altstadt lässt sich bestens zu Fuß erkunden, bei weiter entfernten Zielen helfen Straßenbahnen, Busse und Taxis.
www.zuerich.com

Hotels

Widder

Die Geschichte dieses Hotels ist so reich wie die der Zürcher Altstadt selbst. Neun mittelalterliche Stadthäuser wurden dafür liebevoll restauriert und verbunden. Man fühlt sich, als würde man in eine vergangene Ära eintauchen, ohne dabei auf den Luxus der Gegenwart verzichten zu müssen. Die Zimmer und Suiten sind zeitlos schlicht eingerichtet, was ihre Eigenheiten umso stärker betont: Mal sind es hölzerne Deckenbalken, mal ein antiker Kachelofen, mal dezenter Stuck. Erstklassige Ausstattung, bezaubernde Aussicht auf die Altstadt.
Rennweg 7
www.widderhotel.com

The Dolder Grand

Wie ein Schlösschen thront das 1899 eröffnete Grand Hotel am Westhang des Adlisbergs. Seit das Hauptgebäude unter Norman Foster restauriert und mit zwei neuen Flügeln ergänzt wurde, gelingt dort eine wunderbare Verschmelzung von historischer Architektur und zeitgenössischem Design. Das kulinarische Angebot ist ein Fest für die Sinne: Neben dem mit zwei Michelin-Sternen ausgezeichneten „The Restaurant" und dem „Blooms" (s. S. 174) gibt es zum Beispiel das vom Künstler Rolf Sachs gestaltete „Saltz", ein kleines japanisches Omakase-Restaurant (maximal 8 Plätze!), ein Angebot mit orientalischer Küche und diverse Pop-up-Konzepte. Ansonsten können Gäste durch den Park flanieren, das Spa besuchen oder sich den vielen Kunstwerken im Haus widmen.
Kurhausstr. 65
www.thedoldergrand.com

Erleben

Seebad Utoquai

Erfrischend ist ein Bad im Zürichsee, und der schönste Ort dafür ist das historische Seebad Utoquai. Wer sich im Sommer richtig *local* fühlen möchte, sollte es morgens zwischen sieben und acht Uhr besuchen. So startet man hier gerne in den Tag – am Dienstag und Freitag ergänzt durch einen Besuch auf dem Wochenmarkt am Bürkliplatz.
Utoquai 50

Kunsthaus

Seit im Herbst 2021 der von David Chipperfield entworfene Erweiterungsbau eröffnet wurde, ist das Kunstmuseum noch abwechslungsreicher geworden. Die Sammlung gehört zu den größten der Schweiz und reicht vom 13. Jahrhundert bis zur Gegenwart. Für 2024 sind unter anderem Ausstellungen über Walid Raad und Marina Abramović angekündigt.
Heimplatz
www.kunsthaus.ch

Bahnhofstraße

Einen Kurzbesuch ist die Einkaufsmeile immer wert. Unser Tipp: In der Confiserie „Sprüngli" am Paradeplatz ein paar „Luxemburgerli" kaufen, an den eleganten Geschäften vorbeiflanieren und dabei diese delikaten Macarons genießen – von Ende November bis Anfang Januar unter der besonderen Weihnachtsbeleuchtung „Lucy".
Bahnhofstr. 21
www.spruengli.ch

JADE MOUNTAIN, ST. LUCIA

Was für Köln der Dom ist, sind für die Karibikinsel St. Lucia der Petit Piton (743 Meter hoch) und der Gros Piton (770 Meter): stolze Wahrzeichen. Der Dom zählt zum Kulturerbe, die beiden bewaldeten Vulkankegel im Südwesten der Insel zählen zum Naturerbe, alle drei stehen auf der Liste der UNESCO. Vom Himmelbett der Sun Sanctuary Suite im Hotel „Jade Mountain" ist das Kegel-Paar schon beim Aufwachen gut zu sehen. Und beim Bad im privaten, mit handgefertigten Glasfliesen geschmückten Infinity-Pool. Und beim Landschafts-Kino auf einer der Liegen. Die Open-Air-Suite ist eine von 24 des Hotels, allesamt gestaltet vom Architekten Nick Troubetzkoy, dem Mastermind des „Jade Mountain". Er kam in den siebziger Jahren aus Kanada nach St. Lucia – zunächst für ein Projekt. Und dann kam er nicht mehr los, hat seine Verbundenheit mit dieser Naturschönheit in offenen Räumen wie diesem verarbeitet. Nichts lenkt dort vom Panoramablick ab, es gibt kein Fernsehen, kein Radio, und auch Handys sind nicht gerne gesehen. Die Luft hier sei so pur, dass man sie am liebsten in Flaschen abgefüllt mit nach Hause nehmen würde, findet Troubetzkoy. So lange das noch nicht möglich ist, haben seine Gäste sie hier schon mal 24 Stunden um sich.

www.jademountain.com

exclu**Suite**

Open Air in der Karibik

Ein Zimmer, eine Story: Hier, auf einer Klippe über
dem Meer, wird die Nähe zur Natur zelebriert – indem
diese Suite sich ihr komplett öffnet

MERIAN

76. Jahrgang · Nummer 6 / 2023 · www.merian.de

Herausgeber	**Hansjörg Falz**
Chefredakteur	**Sebastian Ganske**
Redaktionsleiterin	**Tinka Dippel**
Art Director	**Uwe C. Beyer**
Chefin vom Dienst	**Jasmin Wolf**
Redaktion	**Antonia Aust, Kalle Harberg, Jonas Morgenthaler, Stefanie Plarre, Silvia Tyburski**
Bildredaktion	**Violetta Bismor, Tanja Foley, Katharina Oesten** (Ltg.)
Layout	**Lena Thale** (stellv. AD, in Elternzeit)
www.merian.de	**Antonia Aust** (Chefredakteurin), **Milena Härich, Mila Krull**
Autoren dieser Ausgabe	**Olaf Deharde, Monica Gumm, Sören Kittel, Florian Sanktjohanser, Johannes Teschner, Collien Ulmen-Fernandes, Antje Wewer, Burkhard-Maria Zimmermann**
Verantwortlich für den red. Inhalt	**Sebastian Ganske**
Geschäftsführung	**Thomas Ganske, Sebastian Ganske, Peter Rensmann, Arne Bergmann**
Verlagsleitung	**Oliver Voß**
Projektmanagerin	**Anne Dreßel**
Head of Creation	**Kolja Kahle**
Head of Production & Development	**Bartosz Plaksa**
Junior Production Manager	**Vanja Sobot**
Gesamtvertriebsleitung	**Christa Balcke** (Zeitschriftenhandel), **Jan Wiesemann** (Buchhandel)
Geschäftsführung Sales und Content Solutions	**Arne Bergmann** (verantwortlich für Anzeigen)
International Publisher	**Dagmar Hansen**
Senior Brand Manager	**Henning Meyer** Tel. 040 2717-2496
Anzeigenstruktur	**Corinna Plambeck-Rose** Tel. 040 2717-2237
Marketing Consultant	**Alexander Grzegorzewski**

Ihre Ansprechpartner vor Ort

Region Nord	**Jörg Slama** Tel. +49 40 22859 2992 joerg.slama@jalag.de
Region West / Mitte	**Michael Thiemann** Tel. +49 40 22859 2996 michael.thiemann@jalag.de
Region Südwest	**Marco Janssen** Tel. +49 40 22859 2997 marco.janssen@jalag.de
Region Süd	**Jonas Binder** Tel. +49 40 22859 2993 jonas.binder@jalag.de

Repräsentanzen Ausland

Belgien/Niederlande/Luxemburg	**Mediawire International,** Tel. +31 651 48 01 08, info@mediawire.nl
Frankreich/Monaco	**Media Embassy International,** Tel. +33 (0)6 03 92 09 15, info@media-embassy.fr
Großbritannien/Irland	**Mercury Publicity Ltd.,** Tel. +44 7798 665 395, stefanie@mercury-publicity.com
Italien	**Media & Service International Srl,** Tel. +39 02 48 00 61 93 info@it-mediaservice.com
Österreich	**Michael Thiemann,** Tel. +49 4022859 2996, michael.thiemann@jalag.de
Schweiz/Liechtenstein	**Goldbach Publishing AG** Tel. +41 (0) 442484025 simone.trachsler@goldbach.com
Skandinavien	**JB Media International ApS,** Tel. +45 (0) 21 43 75 18, mpe@jbmedia.dk
Spanien/Portugal	**The International Media House,** Tel. +34 91 7023484, administracion@ theinternationalmediahouse.com

Die Premium Magazin Gruppe im Jahreszeiten Verlag

Gültige Anzeigenpreisliste: **Nr. 15**
Heft 1/2024. Erstverkaufstag dieser Ausgabe ist der **01.12.2023**
Redaktionsschluss: 01.11.2023

MERIAN erscheint im
Jahreszeiten Verlag GmbH
Harvestehuder Weg 42
20149 Hamburg
Tel. 040 2717-0
Redaktion Tel. 040 2717-2600
E-Mail: redaktion@merian.de
www.merian.de

Abo-Service Jahreszeiten Verlag
Postfach 10 40 40
20027 Hamburg
Tel. 040 236 704 000
E-Mail: kundenservice@jalag.de

Merian (USPS no 11458) is published by
JAHRESZEITEN-VERLAG GMBH. Known Office of Publication:
Data Media (A division of Cover-All Computer Services Corp.),
2221 Kenmore Avenue, Suite 106, Buffalo, NY 14207-1306.
Periodicals postage is paid at Buffalo, NY 14205.
Postmaster: Send address changes to Merian, Data Media,
P.O. Box 155, Buffalo. NY 14205-0155,
E-Mail: service@roltek.com, Toll free: 1-877-776-5835

Vertrieb
DMV Der Medienvertrieb GmbH & Co. KG, Meßberg 1, 20086 Hamburg
Postproduction
Rhapsody CE Sp. z o.o., al. Armii Ludowej 14,
00-638 Warschau, Polen

 **Druck und Verarbeitung**
Walstead Kraków Sp. z o.o., ul. Obrońców Modlina 11,
30-733 Krakau, Polen

Jahresabonnementspreis im Inland 59,40 €, für Studenten 29,70 € (inklusive
Zustellung frei Haus). Der Bezugspreis enthält 7 % Mehrwertsteuer. Auslands-
preise auf Nachfrage. Führen in Lesemappen nur mit Genehmigung des Verlages.

Printed in Germany, ISBN 978-3-8342-3398-1, ISSN 0026-0029, MERIAN
(USPS No. 011-458) is published by JAHRESZEITEN VERLAG GMBH.

Bildagentur Image Professionals GmbH
Tumblingerstr. 32, 80337 München,
www.imageprofessionals.com

JAHRES ZEITEN VERLAG

EIN UNTERNEHMEN DER GANSKE VERLAGSGRUPPE

Weitere Titel der JAHRESZEITEN VERLAG GmbH: DER FEINSCHMECKER,
AW ARCHITEKTUR & WOHNEN, FOODIE, LAFER, MERIAN SCOUT, ROBB REPORT

FOTOS: MARTIN MORRELL, DENNIS SCHMELZ, CHRISTINA KÖRTE

ABTAUCHEN

Zum Beispiel auf Bali, wo das „Como Shambhala Estate" mit seinem Sport- und Gesundheitsangebot neue Maßstäbe setzt

Ruhe und Reset

Ayurveda, Digital Detox, Schweige-Retreat: Die besten Resorts und besondere Rückzugsorte auf der ganzen Welt, die dabei helfen, runterzukommen, Kraft zu schöpfen und etwas für die eigene Fitness zu tun. Außerdem: ein Streifzug durch die spannendsten Ecken Wiens. Benno Fürmann

über die Reise seines Lebens. Einblicke in das „Grand Hotel Heiligendamm" – das Haus im ältesten deutschen Seebad, wo schon viele Staatschefs zu Gast waren.

Das nächste MERIAN erscheint am 23. Februar 2024

SEIDENSTRASSE

Eine traumhafte Zugreise zu Kulturschätzen und Landschaftsperlen vom usbekischen Samarkand (Foto) bis zum Issyk-Kul-See in Kirgistan

BELFAST

Nordirlands Hauptstadt genießt das Leben wie nie: die besten Pubs, das neue Titanic-Viertel, Kultur- und Genuss-Tipps einer Hotel-Pionierin

Wie bist Du so unterwegs?

An dieser Stelle erzählen Vielreisende von ihrem Leben aus dem Koffer. Ohne was sie niemals losfahren würden, was ihre Reisemarotte ist und wo sie gerne alleine unterwegs sind. Diesmal: der Schauspieler, Gelegenheitsgolfer und Curry-Experte **Kostja Ullmann**

MERIAN *Welcher Song ruft bei Dir sofort Reiseerinnerungen hervor?*
KOSTJA ULLMANN „Canopée" von Polo & Pan, einem französischen DJ-Duo. Der Song hört sich nach Côte d'Azur an.

Welche Orte suchst Du unterwegs immer auf und welche vermeidest Du?
Antwort auf beides: das Fitnessstudio. In manchen Urlauben mit einem Kumpel stehen wir früh auf, gehen auf den Golfplatz, spielen Tennis, enden im Gym. Und dann gibt es Urlaube, in denen ich nicht mal über Sport nachdenken will, auch nicht über das Gym.

Hast Du eine Marotte, die Deine Reisepartner um den Verstand bringt?
Für Menschen, die gerne planen, bin ich der Horror. Ich stehe auf und überlege dann, was wir heute machen können, laufe am liebsten einfach los.

Wer war der beste Reisepartner Deines Lebens?
Jacob Matschenz, ein Schauspielkollege von mir. Wir sind zusammen durch Neuseeland gereist, zwei Wochen mit dem Wohnmobil. Jacob ist ein wahnsinnig entspannter Kerl, der genauso gern wie ich in den Tag hineinlebt.

Welche Spezialität ist eine Reise wert?
Ich liebe guten Wein, besonders schwere kalifornische Weine. Für die würde ich gern mal ins Napa Valley reisen.

Welche Orte suchst Du in einer neuen Stadt immer auf?
Meine Mutter kommt ursprünglich aus Indien, mein absolutes Leibgericht ist indisches Curry. In einer neuen Stadt gucke ich immer erst mal nach dem besten Inder. Gerade wenn ich wegen eines Filmdrehs länger bleibe, ist es gut, ein Wohlfühlrestaurant zu haben.

Und wo gibt es das beste Curry?
Natürlich in Indien. Es heißt ja, man sollte keine Straßencurrys essen, das sind aber die besten. Und in London in der Brick Lane gibt es ein indisches Restaurant neben dem nächsten. Jedes einzelne ist großartig.

Drei Travel Essentials, die auf Reisen nicht fehlen dürfen?
Kopfhörer – ich brauche immer Musik. Dann das iPad, da habe ich alles drauf, Drehbücher, Filme und Bücher. Und bequeme Schuhe.

Welchen Luxus gönnst Du Dir unterwegs immer?
Wenn ich Langstrecke fliege, dann möglichst Business-Class, das ist es mir wert. Ein langer Flug soll ja nicht gleich wieder die ganze Erholung kaputt machen.

Wann hast Du Dir unterwegs gedacht, hier könntest Du bleiben?
In Neuseeland. Die ganze Schönheit der Erde scheint dort vereint. Du wanderst die Berge entlang, siehst die unglaublichsten Bergseen und immer wieder auch das Meer. Oft stand ich da und fing an zu heulen. So fühlt es sich wohl an, einfach glücklich zu sein.

Welche spontane Entscheidung hat eine ganze Reise verändert?
Mir wurden mal Flüge gestrichen, da bin ich mit einem Kumpel in meinen E-Hyundai gesprungen und losgefahren, von Hamburg nach Norditalien und Frankreich. Wenn wir den Wagen laden mussten, haben wir spontan angehalten – und so Orte entdeckt, die wir gar nicht auf der Liste hatten.

Deine Tipps gegen Jetlag?
Wenn man abends landet und todmüde ist, sollte man tanzen gehen, sich bewegen, den Kreislauf in Schwung bringen. Nie einen Jetlag zulassen und sich hinlegen! Dann sind die ersten drei Tage hin.

Was ist unterwegs besser alleine als in Gesellschaft?
Wandern. ❖

FOTO: LENA FAYE